소그룹 성경 공부 교재

사도행전 2

열정의 비전 메이커 오정현 목사는
'한 사람을 그리스도 안에서 온전한 제자로 세우는 제자훈련'을 목회철학으로 삼고
'제자훈련의 국제화'와 '피 흘림이 없는 복음적 평화통일',
그리고 '통일세대를 위한 신앙인재 양성'을 위해 쉬지 않고 달려가고 있다.
현재 사랑의교회 담임목사이다.

오정현 다락방 시리즈 **11**

사도행전 2

초판 1쇄 인쇄 2018년 9월 7일
초판 1쇄 발행 2018년 9월 13일

지은이 오정현

펴낸이 오정현
펴낸곳 국제제자훈련원
등록번호 제2013-000170호(2013년 9월 25일)
주소 서울시 서초구 효령로68길 98 (서초동)
전화 02-3489-4300 **팩스** 02-3489-4329
이메일 dmipress@sarang.org

표지 이미지 REMBRANDT Harmenszoon van Rijn, <Landscape with a Stone Bridge>(c.1638)

ISBN 978-89-5731-766-2 04230

※ 책값은 뒤표지에 있습니다. 잘못된 책은 구입하신 곳에서 교환해 드립니다.

국제제자훈련원은 건강한 교회를 꿈꾸는 목회의 동반자로서 제자 삼는 사역을 중심으로
성경적 목회 모델을 제시함으로 세계 교회를 섬기는 전문 사역 기관입니다.

오정현 다락방 시리즈 11

소그룹성경공부교재

사도행전 2

성령님과 함께하는 그리스도인의 승전분투기勝戰奮鬪記

오정현 지음

국제제자훈련원

소그룹 성경 공부
교재 사용에 대하여

제자훈련의 열매는 훈련된 평신도 지도자들이 사역하는 소그룹(구역, 다락방, 셀, 목장)이라 할 수 있다. 소그룹이란 성도 간에 아름다운 사랑의 교제를 나누며, 말씀 안에서 영적으로 성숙해가도록 서로 돕고, 믿지 않는 사람들을 초청하여 복음을 나누는 작은 단위의 공동체이다. 소그룹은 하나님의 말씀에 기초한다. 그러므로 각자의 삶을 드러낼 수 있도록 돕고, 변화되어야 할 삶의 목표를 분명하게 제시할 수 있는 좋은 교재가 마련되면 소그룹을 운영하는 데 큰 도움을 얻는다. 그러나 분주한 목회자의 입장에서는 직접 교재를 만든다는 것이 그리 쉬운 일이 아니다. 이런 어려움을 해결할 수 있도록 돕기 위해 마련된 것이 '오정현 다락방 시리즈'이다.

본 시리즈를 사용하는 데 있어 다음 몇 가지를 참고하기 바란다.

1. 이 교재는 소그룹에서 귀납적인 방법으로 성경을 공부하기 위해 만든 것이다. 즉, 성경의 가르침을 일방적으로 주입하는 대신 충분한 토의를 통해 구성원들의 생각을 먼저 정리하고 그것을 성경의 가르침과 비교하도록 구성되어 있다. 결코 정답 베껴 쓰기 식의 공부가 되지 않도록 해야 한다. 서툴더라도 자기 인식과 활발한 토의 참여로 생생한 결론이 나올 수 있도록 해야 한다. 따라서 지도자는 소그룹 환경에서 귀납적 방법으로 성경을 공부하는 것이 무엇인지를 반드시 먼저 배워야 한다.

2. 이 교재는 교역자가 매주 소그룹 지도자들을 먼저 예습시킨 다음 사용하게 해야 바람직한 효과를 기대할 수 있다. 소그룹 지도자가 공부할 내용을 충분히 이해해야 한다. 그냥 교재만 던져주고 마음대로 사용하게 하는 것은 좋지 않다.

3. 소그룹에 참석하는 구성원은 반드시 예습을 해오도록 권장한다.

4. 한 과를 공부하는 데에는 한 시간 이상이 필요하다. 그러므로 각 문제에 따라 답만 찾아보고 넘어가야 할 것과 충분한 토의를 통해 진지하게 적용할 것을 잘 구별해서 진행한다.

어제보다는 오늘이 한 치라도 더 예수님을 닮는 다락방이 되기를!

'그리스도인은 이 땅에서 어떻게 살아야 할까?'

목회 사역에서 늘 마음에 두고 있는 질문입니다. 여러 가지 대답이 나올 수 있습니다. 그러나 이 모든 것을 하나로 정리하면 결국 그리스도인은 그리스도인답게 살아야 한다는 것입니다.

오늘날 그리스도인답게 산다는 것은 단지 세상 사람보다 더 윤리적이고 도덕적으로 살아가는 것을 뜻하지 않습니다. 윤리와 도덕은 예수님을 믿으면 나타나는 작은 결실일 뿐입니다. 그리스도인에 대한 정의는 예수님의 말씀에서 찾을 수 있습니다. "사람이 떡으로만 살 것이 아니요 하나님의 입으로부터 나오는 모든 말씀으로 살 것이라"(마 4:4). 세상 사람은 떡으로만 살 수 있어도 그리스도인은 그럴 수 없습니다. 하나님의 말씀으로 채워지지 않으면 살 수 없는 사람이 바로 그리스도인입니다.

사도행전은 신자들이 자신의 가정에서, 일터에서, 교회에서 어떻게 하나님의 말씀으로 살아야 하는지를 생생하게 보여줍니다. 특별히 믿는 자들이 세상과 부딪힐 때 무엇을 선택하고 어떻게 살아야 하는지를 알려주는, 성령님과 함께하는 승전분투기(勝戰奮鬪記)라고 할 수 있습니다.

사도행전 강해를 시작하면서 "성령으로 인도를 받는 착한 목자, 착한 양"을 주제로 삼았습니다. 우리가 그리스도인으로서 이 땅에 사는 궁극적인 목적은, 하나님 앞에서 말씀에 절대 순종하는 착한 양이 되고, 사람들에 대해서는 생명을 위하여 자신을 내어주는 착한 목자가 되는 것입니다.

착한 양으로 살고, 착한 목자로 사는 것은 쉽지 않습니다. 하나님께 반역하는 세상은 그리스도인들이 그렇게 살도록 내버려두지 않기 때문입니다. 그래서 사도행전을 읽을 때는 세상과 교회의 충돌 너머 그 밑바닥에 웅크리고 있는 사탄의 의도를 놓치지 말아야 합니다.

다락방은 말씀이 삶으로 개화되는 현장입니다. 다락방 만남을 마치고 헤어질 때, 처음보다는 조금이라도 더 말씀에 녹아진 모습으로 돌아갈 수 있기를 바랍니다. 지난주보다는 오늘이, 오늘보다는 다음 주의 다락방 모임이 예수님을 한 치라도 더 닮아가고 드러내는 시간이 되기를 바랍니다. 이것이 바로 제가 기도하는 다락방의 모습입니다.

다락방마다 말씀으로 예수님을 닮아가고, 상처받은 심령이 치유되며, 예수님을 믿는 것 때문에 세상이 감히 주지 못하는, 위로부터 부어지는 기쁨과 행복을 누릴 수 있기를 바랍니다.

사랑의교회 오정현 *오정현* 목사

성령으로 신앙의 지평을 넓히는 인생

 사도행전 13:1-12

1 안디옥 교회에 선지자들과 교사들이 있으니 곧 바나바와 니게르라 하는 시므온과 구레네 사람 루기오와 분봉 왕 헤롯의 젖동생 마나엔과 및 사울 이라

2 주를 섬겨 금식할 때에 성령이 이르시되 내가 불러 시키는 일을 위하여 바나바와 사울을 따로 세우라 하시니

3 이에 금식하며 기도하고 두 사람에게 안수하여 보내니라

4 두 사람이 성령의 보내심을 받아 실루기아에 내려가 거기서 배 타고 구브로에 가서

5 살라미에 이르러 하나님의 말씀을 유대인의 여러 회당에서 전할새 요한을 수행원으로 두었더라

6 온 섬 가운데로 지나서 바보에 이르러 바예수라 하는 유대인 거짓 선지자인 마술사를 만나니

7 그가 총독 서기오 바울과 함께 있으니 서기오 바울은 지혜 있는 사람이라 바나바와 사울을 불러 하나님의 말씀을 듣고자 하더라

8 이 마술사 엘루마는 (이 이름을 번역하면 마술사라) 그들을 대적하여 총독으로 믿지 못하게 힘쓰니

9 바울이라고 하는 사울이 성령이 충만하여 그를 주목하고

10 이르되 모든 거짓과 악행이 가득한 자요 마귀의 자식이요 모든 의의 원수여 주의 바른 길을 굽게 하기를 그치지 아니하겠느냐

11 보라 이제 주의 손이 네 위에 있으니 네가 맹인이 되어 얼마 동안 해를 보지 못하리라 하니 즉시 안개와 어둠이 그를 덮어 인도할 사람을 두루 구하는지라

12 이에 총독이 그렇게 된 것을 보고 믿으며 주의 가르치심을 놀랍게 여기니라

 **마음의 문을 열며**

그리스도인은 세상의 다른 종교인과 확연히 구별되는 존재입니다. 그 안에 성령이 계시기 때문입니다. 성령은 기독교의 본질입니다. 성령으로 충만한 삶은 참으로 큰 복이며, 그렇기에 믿는 자의 일평생 기도 제목이기도 합니다.

당신은 예수님을 믿은 후에 성령을 통해서 어떤 복을 경험하고 있습니까? 인격이신 성령을 통해 각 사람에게 맞춤형으로 주시는 성령의 능력, 성령의 풍성한 열매, 성령의 은사들이 있을 것입니다.

그런데 본문은 성령께서 주시는 또 다른 차원의 복을 우리에게 보여줍니다. 성령을 통하여 삶의 한계를 극복함은 물론이요, 신앙의 지평을 넓히는 복입니다. 현실에서 물리적으로, 상황적으로, 관계적으로, 기질적으로 한계에 부딪혀 한 걸음도 나아가지 못할 때, 성령께서 어떻게 우리의 삶을 확장시키시며 이를 통해 영적 진전을 이루시는지 배우는 시간이 되기를 바랍니다.

말씀의 씨를 뿌리며

1. 처음으로 '그리스도인'이라 일컬음을 받으며 칭찬받은 안디옥 교회의 지도자들은 어떤 사람들이었습니까?

• 1절

2. 안디옥 교회는 다양한 계층에 속한 지도자들로 구성되어 있었습니다. 성령께서 이들에게 무엇을 명하셨습니까?

• 2–3절

3. 성령께서 바나바와 사울을 따로 세우라 하시고 그들에게 선교 사역을 맡기셨습니다. 바나바와 사울이 첫 번째로 간 곳은 어디이며, 그들이 그곳을 첫 사역지로 선택한 이유는 무엇입니까?

• 4절

• 행 4:36

4. 바나바와 바울이 성령의 인도하심을 받아 구브로에서 선교 사역을 시작했을 때 어떤 사건이 있었는지 당신의 말로 정리해보세요. 당신에게도 성령의 인도하심을 받아 복음을 전했을 때 가슴 뛰는 현장이 있었다면, 그 이야기를 나눠보세요.

• 6-12절

_____

_____

_____

_____

5. 우리 속에서 일하시는 성령의 사역을 바르게 이해하기 위해서는, 하나님의 주권과 인간의 책무 사이의 신비로운 조화에 대한 균형 잡힌 시각이 필요합니다. 성경은 성령이 우리를 통제(control)하시거나 몰아가는(drive) 것이 아니라, 인도(guide)하신다고 말씀합니다. 성령께서 우리를 강제로 통제하지 않으시는 이유는 무엇이며, 여기에 대한 우리의 올바른 반응은 어떠해야 하는지 나눠보세요.

• 행 10:28-29

_____

_____

_____

_____

• 행 16:10

_____

_____

_____

6. 다음 글을 읽고 성령의 임재가 어떻게 우리 삶의 지평을 넓히는지 생각해봅시다.

> 성령이 우리의 생각을 장악하시면, 우리의 생각의 폭, 기도의 폭, 선교의 폭이 필연적으로 땅 끝까지 확장됩니다(행 1:8). 초대교회 제자들의 모습이 생생한 증거입니다. 예루살렘 교회에 성령이 임하자 자신과 자기 민족밖에 모르던 제자들이 모든 민족과 열방을 품는 사람으로 완전히 바뀌었습니다.
> 신앙 확장의 경험은 우리의 영적 성장을 가로막고 우리의 전진을 방해하는 장애물들을 돌파하는 것도 포함합니다. 성령이 심령을 장악하면 사람이 변화되고 인생의 지평이 넓어집니다. 그 이유는 내적 공간에 질적 변화가 일어나기 때문입니다. 이것은 그동안 우리를 점령했던 죄의 공간, 탐욕의 공간, 미움의 공간, 불평과 원망의 공간이 성령께서 임하신 후 새 생명, 새 소망, 새 관심, 새로운 꿈, 새로운 목적으로 채워지는 것을 의미합니다.

7. 우리가 성령의 음성에 믿음으로 순종할 때, 예전에는 보지 못하던 것을 보고, 그동안 가보지 못한 길을 걸어가게 됩니다. 이로 인해 신앙의 지평이 새롭게 열리고 넓어집니다. 당신은 성령의 음성에 얼마나 민감하게 반응하며 순종하고 있습니까? 순종을 통해서 신앙의 폭이 확장된 경험이 있다면 나눠보세요.

 삶의 열매를 거두며

하나님의 주권과 인간의 책무가 신비로운 조화를 이룰 때, 바울과 바나바처럼 흥미진진한 상황과 최고로 가슴 뛰는 삶이 펼쳐집니다. 이것은 세상의 어떤 종교인도 경험하지 못할, 오직 그리스도인만이 누릴 수 있는 삶의 특권이자 의무입니다. 성령의 주권적 역사를 위해 마땅히 우리 각자가 순종해야 할 바를 구체적으로 정리해보고, 그 책무를 온전히 감당할 수 있도록 성령의 도우심을 구하는 기도를 드립시다.

세상을 바꾸는 능력 있는 말씀

 사도행전 13:13-52

13 바울과 및 동행하는 사람들이 바보에서 배 타고 밤빌리아에 있는 버가에 이르니 요한은 그들에게서 떠나 예루살렘으로 돌아가고

14 그들은 버가에서 더 나아가 비시디아 안디옥에 이르러 안식일에 회당에 들어가 앉으니라

15 율법과 선지자의 글을 읽은 후에 회당장들이 사람을 보내어 물어 이르되 형제들아 만일 백성을 권할 말이 있거든 말하라 하니

16 바울이 일어나 손짓하며 말하되 이스라엘 사람들과 및 하나님을 경외하는 사람들아 들으라

17 이 이스라엘 백성의 하나님이 우리 조상들을 택하시고 애굽 땅에서 나그네 된 그 백성을 높여 큰 권능으로 인도하여 내사

18 광야에서 약 사십 년간 그들의 소행을 참으시고

19 가나안 땅 일곱 족속을 멸하사 그 땅을 기업으로 주시기까지 약 사백오십 년간이라

20 그 후에 선지자 사무엘 때까지 사사를 주셨더니

21 그 후에 그들이 왕을 구하거늘 하나님이 베냐민 지파 사람 기스의 아들 사울을 사십 년간 주셨다가

22 폐하시고 다윗을 왕으로 세우시고 증언하여 이르시되 내가 이새의 아들 다윗을 만나니 내 마음에 맞는 사람이라 내 뜻을 다 이루리라 하시더니

23 하나님이 약속하신 대로 이 사람의 후손에서 이스라엘을 위하여 구주를 세우셨으니 곧 예수라

24 그가 오시기에 앞서 요한이 먼저 회개의 세례를 이스라엘 모든 백성에게 전파하니라

25 요한이 그 달려갈 길을 마칠 때에 말하되 너희가 나를 누구로 생각하느냐

나는 그리스도가 아니라 내 뒤에 오시는 이가 있으니 나는 그 발의 신발끈을 풀기도 감당하지 못하리라 하였으니

26 형제들아 아브라함의 후손과 너희 중 하나님을 경외하는 사람들아 이 구원의 말씀을 우리에게 보내셨거늘

27 예루살렘에 사는 자들과 그들 관리들이 예수와 및 안식일마다 외우는 바 선지자들의 말을 알지 못하므로 예수를 정죄하여 선지자들의 말을 응하게 하였도다

28 죽일 죄를 하나도 찾지 못하였으나 빌라도에게 죽여달라 하였으니

29 성경에 그를 가리켜 기록한 말씀을 다 응하게 한 것이라 후에 나무에서 내려다가 무덤에 두었으나

30 하나님이 죽은 자 가운데서 그를 살리신지라

31 갈릴리로부터 예루살렘에 함께 올라간 사람들에게 여러 날 보이셨으니 그들이 이제 백성 앞에서 그의 증인이라

32 우리도 조상들에게 주신 약속을 너희에게 전파하노니

33 곧 하나님이 예수를 일으키사 우리 자녀들에게 이 약속을 이루게 하셨다 함이라 시편 둘째 편에 기록한 바와 같이 너는 내 아들이라 오늘 너를 낳았다 하셨고

34 또 하나님께서 죽은 자 가운데서 그를 일으키사 다시 썩음을 당하지 않게 하실 것을 가르쳐 이르시되 내가 다윗의 거룩하고 미쁜 은사를 너희에게 주리라 하셨으며

35 또 다른 시편에 일렀으되 주의 거룩한 자로 썩음을 당하지 않게 하시리라 하셨느니라

36 다윗은 당시에 하나님의 뜻을 따라 섬기다가 잠들어 그 조상들과 함께 묻혀 썩음을 당하였으되

37 하나님께서 살리신 이는 썩음을 당하지 아니하였나니

38 그러므로 형제들아 너희가 알 것은 이 사람을 힘입어 죄 사함을 너희에게 전하는 이것이며

39 또 모세의 율법으로 너희가 의롭다 하심을 얻지 못하던 모든 일에도 이 사람을 힘입어 믿는 자마다 의롭다 하심을 얻는 이것이라

40 그런즉 너희는 선지자들을 통하여 말씀하신 것이 너희에게 미칠까 삼가라

41 일렀으되 보라 멸시하는 사람들아 너희는 놀라고 멸망하라 내가 너희 때를 당하여 한 일을 행할 것이니 사람이 너희에게 일러줄지라도 도무지 믿지 못할 일이라 하였느니라 하니라

⁴² 그들이 나갈새 사람들이 청하되 다음 안식일에도 이 말씀을 하라 하더라
⁴³ 회당의 모임이 끝난 후에 유대인과 유대교에 입교한 경건한 사람들이 많이 바울과 바나바를 따르니 두 사도가 더불어 말하고 항상 하나님의 은혜 가운데 있으라 권하니라
⁴⁴ 그다음 안식일에는 온 시민이 거의 다 하나님의 말씀을 듣고자 하여 모이니
⁴⁵ 유대인들이 그 무리를 보고 시기가 가득하여 바울이 말한 것을 반박하고 비방하거늘
⁴⁶ 바울과 바나바가 담대히 말하여 이르되 하나님의 말씀을 마땅히 먼저 너희에게 전할 것이로되 너희가 그것을 버리고 영생을 얻기에 합당하지 않은 자로 자처하기로 우리가 이방인에게로 향하노라
⁴⁷ 주께서 이같이 우리에게 명하시되 내가 너를 이방의 빛으로 삼아 너로 땅 끝까지 구원하게 하리라 하셨느니라 하니
⁴⁸ 이방인들이 듣고 기뻐하여 하나님의 말씀을 찬송하며 영생을 주시기로 작정된 자는 다 믿더라
⁴⁹ 주의 말씀이 그 지방에 두루 퍼지니라
⁵⁰ 이에 유대인들이 경건한 귀부인들과 그 시내 유력자들을 선동하여 바울과 바나바를 박해하게 하여 그 지역에서 쫓아내니
⁵¹ 두 사람이 그들을 향하여 발의 티끌을 떨어버리고 이고니온으로 가거늘
⁵² 제자들은 기쁨과 성령이 충만하니라

 ## 마음의 문을 열며

하나님의 말씀이 지역사회를 뒤흔들고, 수많은 사람을 변화시키는 현장을 성경 곳곳에서 볼 수 있습니다. 말씀은 세상을 바꾸는 능력이 있습니다. 말씀이신 "예수 그리스도는 어제나 오늘이나 영원토록 동일"하시기 때문에(히 13:8), 2,000여 년 전 말씀에 나타난 복음의 능력은 오늘날에도 동일합니다. 그러나 주위를 돌아보면, 말씀의 능력을 경험하며 사는 사람들이 많지 않은 것 같습니다.

만일 삶의 큰 짐을 지고 고통스러워하는 성도들이 말씀으로 인생의 무거운 짐을 벗지 못한다면, 말씀의 능력이 우리 개인과 무슨 상관이 있을까요? 본문은 말씀이 한 사람의 일생을 관통할 때 어떤 역사가 일어나는지를 보여줍니다. 이제 세상을 향한 생각의 창을 닫고, 마음의 옷을 단정히 하며 말씀 앞으로 다가앉기를 바랍니다. 그리하여 말씀 속에서 복음의 능력이 내 삶을 어떻게 바꾸는지를 확인하고, 그것을 내 것으로 체화하는 시간이 되기를 바랍니다.

 ## 말씀의 씨를 뿌리며

1. 오늘 본문은 바울의 설교를 담고 있습니다. 바울은 구약 이스라엘 역사를 설명하고 있는데, 다음 구절에서 반복되는 단어를 근거로 그가 강조하려는 것이 무엇인지 말해보세요.

   • 17절

   • 21절

   • 23절

2. 바울은 설교의 서론 격으로 역사의 주관자는 하나님이심을 밝히고, 이스라엘 민족의 구원 역사를 위해 하나님께서 어떻게 준비하셨는지를 설명했습니다. 이제 바울은 복음의 핵심을 이야기합니다. 이것을 당신 자신의 말로 정리해보세요.

   • 29-31절

3. 복음의 핵심은 '예수 그리스도의 죽으심과 부활하심'입니다. 복음의 핵심이 우리 각자에게는 어떤 결과로 나타날까요? 바울은 복음 증거의 결과를 명확하게 설명하고 있습니다. 그 내용이 무엇인지 다음 구절을 읽고 정리해보세요.

・38-39절

4. 바울을 통해 복음의 핵심과 정수를 들은 사람들의 반응은 어떠했는
지 살펴보고, 왜 같은 복음을 듣고도 다른 반응을 보이는지 생각해
보세요.

・44-45절

・48절

5. 우리가 말씀 속에 나타난 하나님의 의를 깨닫고 그분의 은혜에 사
로잡힐 때 하나님의 말씀은 우리의 삶을 변화시킵니다. 그 은혜에
감사하지 않으면 우리의 삶은 결코 변화될 수 없습니다. 바울은 예
수 그리스도로 인하여 의롭다 함을 받은 자들에게 무엇을 하라고
권면합니까? 그 이유를 생각해보세요. 그리고 당신은 바울의 권면
대로 살고 있는지 점검해보세요.

・43절

・벧전 5:10

6. 다음 글을 읽고 하나님의 말씀이 사람을 변화시키는 능력임을 묵상해보세요.

> 오대원 목사님의 《묵상하는 그리스도인》을 보면 18세 소녀 론다의 이야기가 나옵니다. 어릴 때부터 열악한 환경 속에서 마약에 손댄 론다는 마약중독과 알코올중독에 빠졌고, 결국 폐인이 되어 정신병원에 입원했습니다. 이 소식을 들은 오대원 목사님은 담당 의사를 찾아가 론다에게 말씀을 전할 기회를 달라고 간청했습니다. 그러나 의사는 "상태가 너무 심각하기 때문에 아무런 소용이 없습니다"라고 거절했습니다. 오대원 목사님은 포기하지 않고 의사를 몇 번이나 찾아간 끝에 허락을 받았습니다. "그럼 성경을 읽어주고 대화를 하는 건 좋지만, 신앙을 강요하지는 않겠다고 약속하십시오."
>
> 목사님은 전도는 하지 않겠다고 약속한 후, 론다에게 하루에 한 시간씩 성경을 읽어주고 간단히 설명해주었습니다. 그렇게 6개월이 흘렀고, 놀라운 일이 일어났습니다. 폐인이 된 소녀의 마음에 변화가 일기 시작했고, 론다는 포기했던 자기 인생을 다시 돌아보았습니다. 어릴 때부터 받았던 수많은 상처와 죄가 말씀을 통해 조금씩 치유되더니 결국 론다는 6개월 만에 놀랍게 회복되어 새 인생을 시작하게 된 것입니다.

7. 바울 일행이 복음을 전했을 때 받아들이는 사람들이 있었던 반면, 배척하거나 오히려 박해하는 사람들도 있었습니다. 그럼에도 복음의 말씀을 받아들인 새로운 성도들은 "기쁨과 성령이 충만"(52절)했습니다. 당신 안에 말씀을 통한 기쁨과 성령이 충만합니까? 내가 의롭다 하심을 입었다는 사실 때문에 가슴이 뛰고 있습니까? 그렇지 않다면 무엇이 문제인지 해결 방법을 함께 나눠봅시다.

(참고. 롬 10:17)

....

....

....

....

....

 삶의 열매를 거두며

최근 말씀을 읽거나 들으면서 하나님의 은혜에 가슴이 뜨거웠던 적이 있습니까? 제자들의 삶은 말씀이 가득할 때 기쁨이 있고, 성령으로 충만했습니다. 또한 세상을 두려워하지 않는 영적인 담력이 있었습니다. 이것은 말씀 속에서 하나님의 의를 깨닫고 은혜에 머무는 자가 누리는 특권입니다. 중요한 것은 능력 있는 말씀이 우리 속에 거한다는 사실입니다. 분주한 삶 속에서도 말씀을 바탕으로 하나님의 은혜를 붙잡고 살아낼 수 있도록, 하나님의 도우심을 간절히 구하는 기도를 드립시다.

Lesson 3

은혜와 고난의 양면성

 사도행전 14:1-28

1 이에 이고니온에서 두 사도가 함께 유대인의 회당에 들어가 말하니 유대와 헬라의 허다한 무리가 믿더라
2 그러나 순종하지 아니하는 유대인들이 이방인들의 마음을 선동하여 형제들에게 악감을 품게 하거늘
3 두 사도가 오래 있어 주를 힘입어 담대히 말하니 주께서 그들의 손으로 표적과 기사를 행하게 하여주사 자기 은혜의 말씀을 증언하시니
4 그 시내의 무리가 나뉘어 유대인을 따르는 자도 있고 두 사도를 따르는 자도 있는지라
5 이방인과 유대인과 그 관리들이 두 사도를 모욕하며 돌로 치려고 달려드니
6 그들이 알고 도망하여 루가오니아의 두 성 루스드라와 더베와 그 근방으로 가서
7 거기서 복음을 전하니라
8 루스드라에 발을 쓰지 못하는 한 사람이 앉아 있는데 나면서 걷지 못하게 되어 걸어본 적이 없는 자라
9 바울이 말하는 것을 듣거늘 바울이 주목하여 구원받을 만한 믿음이 그에게 있는 것을 보고
10 큰 소리로 이르되 네 발로 바로 일어서라 하니 그 사람이 일어나 걷는지라
11 무리가 바울이 한 일을 보고 루가오니아 방언으로 소리 질러 이르되 신들이 사람의 형상으로 우리 가운데 내려오셨다 하여
12 바나바는 제우스라 하고 바울은 그중에 말하는 자이므로 헤르메스라 하더라
13 시외 제우스 신당의 제사장이 소와 화환들을 가지고 대문 앞에 와서 무리와 함께 제사하고자 하니

14 두 사도 바나바와 바울이 듣고 옷을 찢고 무리 가운데 뛰어 들어가서 소리 질러

15 이르되 여러분이여 어찌하여 이러한 일을 하느냐 우리도 여러분과 같은 성정을 가진 사람이라 여러분에게 복음을 전하는 것은 이런 헛된 일을 버리고 천지와 바다와 그 가운데 만물을 지으시고 살아 계신 하나님께로 돌아오게 함이라

16 하나님이 지나간 세대에는 모든 민족으로 자기들의 길들을 가게 방임하셨으나

17 그러나 자기를 증언하지 아니하신 것이 아니니 곧 여러분에게 하늘로부터 비를 내리시며 결실기를 주시는 선한 일을 하사 음식과 기쁨으로 여러분의 마음에 만족하게 하셨느니라 하고

18 이렇게 말하여 겨우 무리를 말려 자기들에게 제사를 못 하게 하니라

19 유대인들이 안디옥과 이고니온에서 와서 무리를 충동하니 그들이 돌로 바울을 쳐서 죽은 줄로 알고 시외로 끌어 내치니라

20 제자들이 둘러섰을 때에 바울이 일어나 그 성에 들어갔다가 이튿날 바나바와 함께 더베로 가서

21 복음을 그 성에서 전하여 많은 사람을 제자로 삼고 루스드라와 이고니온과 안디옥으로 돌아가서

22 제자들의 마음을 굳게 하여 이 믿음에 머물러 있으라 권하고 또 우리가 하나님의 나라에 들어가려면 많은 환난을 겪어야 할 것이라 하고

23 각 교회에서 장로들을 택하여 금식 기도 하며 그들이 믿는 주께 그들을 위탁하고

24 비시디아 가운데로 지나서 밤빌리아에 이르러

25 말씀을 버가에서 전하고 앗달리아로 내려가서

26 거기서 배 타고 안디옥에 이르니 이곳은 두 사도가 이룬 그 일을 위하여 전에 하나님의 은혜에 부탁하던 곳이라

27 그들이 이르러 교회를 모아 하나님이 함께 행하신 모든 일과 이방인들에게 믿음의 문을 여신 것을 보고하고

28 제자들과 함께 오래 있으니라

 **마음의 문을 열며**

"십자가 없이는 면류관도 없다"라는 말이 있습니다. "노 블러드 노 블레싱"(No Blood, No Blessing)이라고 말하기도 합니다. 복은 십 자가의 보혈을 통과해야 온다는 뜻입니다. 이런 말들은 은혜와 고난의 양면성을 알려줍니다.

우리가 성숙한 신앙생활, 균형 잡힌 신앙생활을 하기 위해서는 반드시 은혜와 고난의 함수관계를 이해해야 합니다. 그래야만 인 생의 평탄한 길에서도, 혹은 인생의 골짜기에 있을 때에도 하나 님께서 원하시는 사람이 될 수 있습니다.

본문은 그리스도인이 성공의 대로에 있을 때나 고난의 골짜기에 있을 때 어떤 태도를 가져야 하는지를 생생하게 보여줍니다. 이 를 통해 약간의 빗줄기에도 촐랑거리는 고랑이 아니라, 폭풍우에 도 요동하지 않는 깊은 바다 같은 신앙으로 나아갈 수 있기를 바 랍니다.

🌱 말씀의 씨를 뿌리며

1. 하나님께서 바울과 바나바의 선교 사역에 어떤 열매를 맺게 해주셨
   는지 다음 구절을 중심으로 정리해보세요.

   • 1절
   ....
   ....
   ....
   ....

   • 3절
   ....
   ....
   ....
   ....

   • 8-10절
   ....
   ....
   ....
   ....
   ....
   ....

2. 하나님께서는 바울과 바나바의 선교 사역 가운데 표적과 기사를 행하시고, 구원받는 생명의 열매도 풍성하게 허락하셨습니다. 동시에 바울과 바나바는 어떤 어려움에 봉착했는지 다음 구절을 읽고 정리해보세요.

• 2절

• 5절

• 19절

3. 하나님께서 바울 일행을 통해 표적과 기사를 행하시자 이를 본 현지인들은 바울과 바나바가 인간의 모습으로 내려온 신이라고 생각했습니다. 그래서 그들에게 제사를 지내려고 했습니다(11-13절). 이때 바울과 바나바는 어떻게 대응했습니까? 바울과 바나바가 스스로를 높이지 않고 오직 하나님께만 영광을 돌릴 수 있었던 비결은 무엇이라고 생각합니까? (참고. 고전 10:31)

• 14-15절

4. 바울과 바나바는 성령의 인도하심을 따라 사역했고, 복음의 아름다운 열매도 맺었으며, 표적과 기사가 일어나는 것도 경험했습니다. 그러나 그와 동시에 시험도 겪었습니다. 내적으로는 숭배의 대상이 되려는 시험이요, 외적으로는 돌로 치려는 위협입니다. 오늘날 우리가 성도로 살아가는 동안 일상에서 마주하는 은혜와 고난이 있다면 무엇인지 나눠보세요.

....

....

....

....

5. 이 땅에서 예수님의 제자에게 맡겨진 사명을 감당할 때 풍성한 은혜도 있지만, 때로는 손해를 보고 모욕을 당하며 핍박을 받기도 합니다. 그럴 때 우리 그리스도인은 어떠한 태도를 가져야 하는지, 바울의 권면을 중심으로 나눠보세요.

• 22절

....

....

....

....

6. 다음 글을 읽고 신앙생활을 할 때 겪게 되는 은혜와 고난의 양면성을 생각해봅시다.

래리 크랩은 이 시대 최고의 복음주의 상담가 중 한 사람으로 꼽힙니다. 그는 수많은 그리스도인을 상담하면서 세 부류의 사람들을 만났습니다. 첫째는, "나는 하나님께서 함께하셔서 자녀가 잘되고, 물질과 건강의 복을 받았다"라고 고백하는 부류입니다. 복을 좋은 신앙의 증거로 여기는 것입니다. 둘째는, '내게 이런 고통이 있는 것은 하나님께서 나와 함께하시지 않아서 그런 것이다'라고 생각하는 부류입니다. 고난을 신앙의 적으로 여기는 것입니다. 이들은 '하나님이 함께하시면 어떻게 내게 이런 일들이 생겨날 수 있는가'라고 생각합니다. 셋째는, 은혜와 고난 모두를 신앙의 증거로 여기는 부류입니다. 신앙생활에서 은혜와 고난을 별개로 생각하지 않는 것입니다.
래리 크랩은 스펄전 목사님을 예로 들고 있습니다. 스펄전 목사님은 당대에 수많은 사람을 하나님께로 이끌었고, 말씀으로 삶을 변화시켰던, 기름 부음과 능력이 있는 설교자였습니다. 그런데 그는 일생 동안 심한 관절염과 우울증으로 고통을 겪었습니다. 우리가 은혜와 고난 모두를 신앙의 증거로 여기는 신앙의 양면성을 이해하지 못한다면, 어떻게 그의 삶에 혼합된 은혜와 고난을 설명할 수 있을까요?

7. 신앙생활을 한다고 해서 만사형통하는 것은 아닙니다. 복의 대로와 눈물의 골짜기가 함께 가는 것이 신앙생활입니다. 온실 속의 장미가 아닌 비바람 속에 피어난 장미가 더 짙은 향기를 발하듯이, 신앙의 향기도 고난을 통과할 때 더 깊어지는 것입니다. 바울과 바나바가 혹독한 상황 속에서도 복음 전파를 위해 전진할 수 있었던 이유는, 영원의 시각에서 현재의 고난을 바라보는 안목이 있었기 때문일 것입니다. 은혜와 고난의 양면성을 깨닫고 우리가 붙잡아야 하는 분은 누구신지 다음 구절을 참고로 적용해보세요.

• 히 13:8

_____

_____

_____

_____

_____

 ## 삶의 열매를 거두며

성숙한 신앙은 고난과 은혜, 고통과 복을 별개로 생각하지 않습니다. 고난 속에서도 은혜를 누리며, 고통 속에서도 복된 삶을 영위하는 사람이 진정한 그리스도인입니다. 중요한 것은 어떤 경우에도 사도 바울의 권면처럼 흔들리지 않고 믿음에 머물러 있는 것입니다. 이를 위해 세속의 가치관에 물든 삶을 정리하고, 이후로는 은혜와 고난의 양면을 볼 수 있는 렌즈로 늘 자신을 돌아보면서 더욱 예수님을 닮아갈 수 있도록, 우리의 영안을 열어달라고 기도를 드립시다.

다시 세우는 다윗의 장막

사도행전 15:1-21

1 어떤 사람들이 유대로부터 내려와서 형제들을 가르치되 너희가 모세의 법대로 할례를 받지 아니하면 능히 구원을 받지 못하리라 하니

2 바울 및 바나바와 그들 사이에 적지 아니한 다툼과 변론이 일어난지라 형제들이 이 문제에 대하여 바울과 바나바와 및 그중의 몇 사람을 예루살렘에 있는 사도와 장로들에게 보내기로 작정하니라

3 그들이 교회의 전송을 받고 베니게와 사마리아로 다니며 이방인들이 주께 돌아온 일을 말하여 형제들을 다 크게 기쁘게 하더라

4 예루살렘에 이르러 교회와 사도와 장로들에게 영접을 받고 하나님이 자기들과 함께 계셔 행하신 모든 일을 말하매

5 바리새파 중에 어떤 믿는 사람들이 일어나 말하되 이방인에게 할례를 행하고 모세의 율법을 지키라 명하는 것이 마땅하다 하니라

6 사도와 장로들이 이 일을 의논하러 모여

7 많은 변론이 있은 후에 베드로가 일어나 말하되 형제들아 너희도 알거니와 하나님이 이방인들로 내 입에서 복음의 말씀을 들어 믿게 하시려고 오래전부터 너희 가운데서 나를 택하시고

8 또 마음을 아시는 하나님이 우리에게와 같이 그들에게도 성령을 주어 증언하시고

9 믿음으로 그들의 마음을 깨끗이 하사 그들이나 우리나 차별하지 아니하셨느니라

10 그런데 지금 너희가 어찌하여 하나님을 시험하여 우리 조상과 우리도 능히 메지 못하던 멍에를 제자들의 목에 두려느냐

11 그러나 우리는 그들이 우리와 동일하게 주 예수의 은혜로 구원받는 줄을 믿노라 하니라

12 온 무리가 가만히 있어 바나바와 바울이 하나님께서 자기들로 말미암아 이 방인 중에서 행하신 표적과 기사에 관하여 말하는 것을 듣더니

13 말을 마치매 야고보가 대답하여 이르되 형제들아 내 말을 들으라

14 하나님이 처음으로 이방인 중에서 자기 이름을 위할 백성을 취하시려고 그들을 돌보신 것을 시므온이 말하였으니

15 선지자들의 말씀이 이와 일치하도다 기록된 바

16 이후에 내가 돌아와서 다윗의 무너진 장막을 다시 지으며 또 그 허물어진 것을 다시 지어 일으키리니

17 이는 그 남은 사람들과 내 이름으로 일컬음을 받는 모든 이방인들로 주를 찾게 하려 함이라 하셨으니

18 즉 예로부터 이것을 알게 하시는 주의 말씀이라 함과 같으니라

19 그러므로 내 의견에는 이방인 중에서 하나님께로 돌아오는 자들을 괴롭게 하지 말고

20 다만 우상의 더러운 것과 음행과 목매어 죽인 것과 피를 멀리하라고 편지하는 것이 옳으니

21 이는 예로부터 각 성에서 모세를 전하는 자가 있어 안식일마다 회당에서 그 글을 읽음이라 하더라

 **마음의 문을 열며**

누구나 인생길에서 한번쯤은 넘어집니다. 때로는 살 소망조차 잃어버리기도 합니다. 그런데 망연자실한 나머지 꼼짝도 할 수 없어 주저앉아 있는 사람들을 향해, 세상은 인과응보를 들먹이며 책임을 묻습니다.

그러나 하나님은 넘어진 자녀의 손을 붙들고 그의 무너진 삶을 일으켜 세우십니다. 하나님의 자녀가 다시 일어나는 방식은 세상의 방식과 전혀 다릅니다. 돈과 인맥과 전략이 세상의 방식이라면, 하나님의 방식은 예배를 통한 관계 회복입니다. 그분은 가장 먼저 예배를 통해 우리가 하나님과의 관계를 회복하길 원하십니다. 왜 하나님께서는 모세의 성막도 아니고, 솔로몬의 화려한 성전도 아닌 다윗의 장막을 그토록 회복하기를 원하셨을까요? 이 주제를 깊이 묵상함으로써 영적 각성이 일어나고 우리의 무너진 삶을 회복할 수 있는 영적 토대를 구축하길 바랍니다.

말씀의 씨를 뿌리며

1. 명실공히 이방인 선교의 중심부로 성장하고 있던 안디옥 교회에서
   의견 충돌이 일어나고 논쟁이 벌어졌습니다. 다툼의 주제는 무엇
   이었으며, 안디옥 교회는 이 문제를 어떻게 해결하려고 했습니까?

   • 1–2절

2. 안디옥 교회의 '할례' 논쟁 문제로 예루살렘 교회에서 사도들과 장
   로들이 모여 이른바 첫 예루살렘 공회를 열게 되었습니다. 이 회의
   에서 베드로와 야고보는 어떤 가이드를 주었습니까?

   • 11절

   • 16–17절

3. 예루살렘 교회가 시작될 때, 예수님을 믿었지만 여전히 율법을 중시했던 바리새파 유대인들은 갈보리의 십자가로 가는 길에 시내산도 거쳐서 가기를 원했습니다. 구원을 받기 위해서는 믿음이 있어야 하지만, 율법의 할례도 행해야 한다고 주장한 것입니다. 이들의 주장이 잘못된 이유는 무엇입니까?

• 막 7:8

_____

_____

• 갈 2:21

_____

_____

_____

4. 이방인 선교로 인해 유대 신자들과 빚어진 갈등은 야고보를 통해서 정리되고 있습니다. 야고보는 이방인에게 율법의 짐을 지우지 말고, 그들을 복음의 형제로 받아들이는 것이 옳다는 근거로 아모스 선지자가 말한 '다윗의 무너진 장막을 다시 짓는 것'(암 9:11-12)을 인용합니다. 그 이유는 무엇입니까? (참고. 사 56:6-7)

_____

_____

_____

_____

_____

_____

5. 예루살렘 교회에서 이방인 선교를 둘러싸고 일어난 논쟁은 오늘날 교회에서도 다른 방식으로 표현될 수 있습니다. 영혼 구원의 문제를 성경이 아닌 자기 생각의 틀로 제한하는 사례를 떠올려보고, 성경에서 제시하는 영혼 구원의 절대적 진리는 무엇인지 이야기해보세요.

• 벧전 3:18

• 롬 1:17

6. '다윗의 무너진 장막을 다시 짓는다'는 것은 이방인에게 복음의 문을 여는 것뿐만이 아니라, 모든 믿는 자의 예배가 회복됨을 의미하기도 합니다. 다음 글을 읽고 하나님께 드리는 예배를 삶의 최우선으로 삼는다는 것이 어떤 의미인지 생각해봅시다.

> 지난 2005년 봄, 몽골 이레교회에서 개척한 베르흐 지역의 예배 처소를 방문해 예배 드리던 중에 있었던 일이다. 벌러르라는 소녀가 땀으로 뒤범벅이 되어 교회 안으로 들어섰다. 예배가 시작되기 몇 시간 전에 소를 잃어버린 소녀는 소를 찾으러 뛰어다니다가 예배 시간이 임박하자 말씀을 듣기 위해 모든 것을 버려두고 달려왔다는 것이다.
>
> 그때 나는 하나님께 소가 아닌 예배를 선택한 믿음의 결단을 부끄럽게 하지 말아달라고, 그래서 그 소녀가 소를 찾게 해달라고 기도했다. 나는 하나님이 어떤 분이시며 무엇을 원하시는지 알고 있었기 때문이다. 그런데 예배를 마치자마자 바깥에서 소 울음소리가 들려왔다. 그 소가 예배 처소를 먼저 찾아온 것이다. 소가 아닌 예배의 기쁨을 선택한 소녀는 소와 예배, 두 가지를 함께 얻었다.
>
> 예수님은 두 주인을 섬길 수 없다고 우리에게 분명히 말씀하셨다. 세상과 하나님을 모두 누리고 싶어 한다면, 그것은 하나님을 잡고 있는 것 같지만 사실은 세상을 잡고 있는 것이다. 양쪽에 걸치려는 사람은 결정적인 순간에 십자가가 아닌 세상을 택하기 때문이다.[1]

7. 성경에는 다윗의 장막만 있는 것이 아닙니다. 하나님께서 친히 세우신 모세의 성막도 있고, 아름답고 장엄한 솔로몬의 성전도 있습니다. 그런데 하나님은 모세의 장막도 아니고 솔로몬의 성전도 아닌, 다윗의 무너진 장막을 다시 짓기를 원하셨습니다. 이는 예배의 회복을 의미합니다. 이토록 예배의 회복이 중요한 이유는 무엇입니까? 다윗이 드린 예배의 열정과 순전함을 회복하기 위해서 당신이 할 수 있는 결단과 실천 방법을 말해보세요. (참고. 요 4:23-24)

 **삶의 열매를 거두며**

하나님께 드리는 예배 안에는 우리의 형편과 처지가 어떠하든지 우리를 하나님 앞에서 다시 세우는 은혜가 있습니다. 그러므로 신자의 모든 삶은 여기에서 시작되어야 합니다. 무너진 다윗의 장막을 다시 세우길 원하신 하나님은 무너지고 주저앉은 우리의 삶도 다시 세우길 원하십니다. 이를 위해서는 일상에서 예배라는 영적 첫 단추를 꿰지 못하도록 방해하는 요소들을 찾아서 제거해야 합니다.

내 삶 속에서 회복된 장막을 통해 남은 인생이 하나님께 귀하게 쓰임 받을 수 있도록 성령의 도우심을 구하는 기도를 드립시다.

불협화음의 극복

 사도행전 15:36-41

36 며칠 후에 바울이 바나바더러 말하되 우리가 주의 말씀을 전한 각 성으로 다시 가서 형제들이 어떠한가 방문하자 하고

37 바나바는 마가라 하는 요한도 데리고 가고자 하나

38 바울은 밤빌리아에서 자기들을 떠나 함께 일하러 가지 아니한 자를 데리고 가는 것이 옳지 않다 하여

39 서로 심히 다투어 피차 갈라서니 바나바는 마가를 데리고 배 타고 구브로로 가고

40 바울은 실라를 택한 후에 형제들에게 주의 은혜에 부탁함을 받고 떠나

41 수리아와 길리기아로 다니며 교회들을 견고하게 하니라

 ## 마음의 문을 열며

오늘 본문은 맑은 날 수면 위를 멋지게 항해하던 배가 갑자기 어둡고 사나운 광풍을 만나 크게 흔들리는 장면을 연상케 합니다. 초대교회 이래로 이 본문을 처음 접한 독자들은 당황스러움을 넘어 충격에 휩싸였을 것입니다. 믿음의 영웅으로서 그토록 환상적인 호흡을 보여주었던 바울과 바나바 사이에 일어난 큰 다툼은 도무지 예상조차 할 수 없던 일입니다. 죽음이 아니고서는 갈라설 일이 없을 것처럼 보였던 인간관계가 이처럼 한순간에 큰 파열음을 낸 상황을 쉽게 이해하기란 어려울 듯합니다.

인생길을 가는 동안 우리가 입은 상처의 상당 부분은 그토록 믿고 사랑했던 사람들에게서 받은 것입니다. 사랑하기에 오히려 더 큰 상처를 반복적으로 주고받는 것은 사랑의 모순처럼 보입니다. 본문을 통해서 가장 사랑하는 관계인 부부간에, 부모와 자녀 간에, 혹은 친밀한 사람들 간에 예기치 못하게 발생한 불협화음으로 멀어진 관계를 회복시키시는 성령의 음성을 듣는 시간이 되기를 바랍니다.

말씀의 씨를 뿌리며

1. 성경에서 바나바와 바울은 복음 전파라는 한 가지 목표 아래 한마음이 된 사람들로 표현되고 있습니다. 이들은 1차 선교 여행을 하면서 더욱 친밀해졌으며, 같은 비전을 가지고 둘도 없는 영적 형제애로 뭉쳐진 하나님의 사람들이었습니다. 그러나 본문에서는 바울과 바나바가 크게 다투었다고 이야기합니다. 그들이 다툰 이유는 무엇입니까?

   • 37-38절

2. 바울과 바나바를 갈라서게 한 원인이었던 마가는 나중에 어떤 사람이 되었습니까? 이를 통해 우리는 어떤 교훈을 얻을 수 있습니까?

   • 골 4:10-11

   • 몬 1:24

3. 당신의 성향은 바나바와 바울 중 누구와 가깝습니까? 각각의 성향이 가진 특징을 이야기해보고, 하나님께서 이처럼 다양한 개인의 특성을 사용하시는 것을 통해 무엇을 이해하고 깨달았는지 나눠보세요. (참고. 행 4:36; 갈 2:11)

4. 갈등은 가까운 사람 사이에서 일어나는 것입니다. 가까우면 더 사랑해야 하는데, 오히려 갈등으로 더 고통을 받는다는 것은 사랑의 모순처럼 보입니다. 어떻게 하면 이 사랑의 모순을 극복할 수 있을까요? (참고. 고전 3:22-23; 갈 2:20)

5. 갈등을 극복하는 또 하나의 길이 있습니다. 하나님은 불협화음을 통해서도 일하시는 분임을 믿는 것입니다. 그러기 위해서는 로마서 8장 28절에 대한 확고한 신앙적 이해가 있어야 합니다. 인간관계에서 갈등을 겪었으나 오히려 나중에는 상대방과의 관계가 더욱 깊어지고 돈독해진 경험이 있다면 나누어보세요. 또한, 현재 자신과 갈등을 겪고 있는 사람을 떠올려보고, 어떻게 하면 그 갈등을 합력하여 선을 이루는 계기로 삼을 수 있을지 나눠봅시다.

6. 신앙 공동체 안에서 일어나는 적지 않은 갈등의 원인은 자신의 '신념'을 '신앙'으로 오해하는 것에서 비롯될 때가 많습니다. 다음 글을 읽고 신념과 신앙의 차이에 대해서 생각해봅시다.

우리는 신념 때문에 신앙을 잃어버리는 경우가 있습니다. 신념과 신앙은 다릅니다. 신념은 자신의 경험과 지식에 근거한 자기 확신입니다. 그런데 오늘날 많은 사람들이 신념을 신앙으로 착각하고 있습니다. 신념은 자기의 경험과 지식에 근거하지만, 기독교 신앙은 말씀에 근거합니다. 신념은 아무리 좋은 것이라고 해도 결코 거듭남이나 구원에 이르도록 하지 못합니다. 반면에 신앙은 우리를 거듭나게 하고 구원에 이르게 합니다. 신념에는 약속이나 보장이 없습니다. 그러나 기독교 신앙에는 하나님의 약속과 보장이 있습니다.

누가복음 5장 5절 말씀은 신념과 신앙의 차이를 잘 보여줍니다. 시몬 베드로가 밤새 고기를 잡았습니다. 그러나 고기를 잡지 못했습니다. 베드로는 어부입니다. 고기 잡는 데는 전문가입니다. 그는 밤새 경험과 지식을 바탕으로 자기 확신을 가지고 그물을 여기저기 던졌습니다. 여기까지가 베드로의 신념입니다. 그런데 한 마리도 잡지 못한 베드로에게 예수님께서 깊은 데로 가서 그물을 내려 고기를 잡으라고 말씀하시자, 그는 고기 잡는 것에 대한 자기 신념을 내려두고 예수님의 말씀을 좇아 그물을 내렸습니다. 이것이 신앙입니다.

7. 바울과 바나바처럼 우리도 영가족 안에서 서로 반대되는 의견을 낼 수 있고, 서로 다른 길을 갈 수도 있습니다. 그럴 때도 우리가 결코 잊지 말아야 할 핵심은 서로 사랑해야 한다는 것입니다. 이것은 타협할 수 없는 예수님의 명령이기 때문입니다(요 13:35). 갈등을 빚을 때 어떻게 하면 예수님의 사랑을 보이고 실천할 수 있을지 구체적으로 말해보세요.

삶의 열매를 거두며

우리는 사랑하기 때문에 오히려 무심코 던진 말 한마디와 의도하지 않았던 행동에 큰 상처를 받는 연약한 존재들입니다. 이러한 사랑의 모순을 극복하는 길은 은혜의 전천후 원리에 순종하는 데 있습니다. 인간관계 속에서 부딪히는 불협화음은 십자가의 은혜를 만나면 용서와 화목을 위한 새로운 길이 될 수 있습니다. 우리의 마음이 더 이상 과거에 붙잡히지 않고, 바울 사도의 고백처럼 '푯대를 향해 달려가는'(참고. 빌 3:14), 그리하여 전천후 은혜에 눈을 뜨는 하나님의 자녀가 되게 해달라고 기도를 드립시다.

연약한 인생을 이렇게 인도하신다

사도행전 16:1-10

1 바울이 더베와 루스드라에도 이르매 거기 디모데라 하는 제자가 있으니 그 어머니는 믿는 유대 여자요 아버지는 헬라인이라

2 디모데는 루스드라와 이고니온에 있는 형제들에게 칭찬받는 자니

3 바울이 그를 데리고 떠나고자 할새 그 지역에 있는 유대인으로 말미암아 그를 데려다가 할례를 행하니 이는 그 사람들이 그의 아버지는 헬라인인 줄 다 앎이러라

4 여러 성으로 다녀갈 때에 예루살렘에 있는 사도와 장로들이 작정한 규례를 그들에게 주어 지키게 하니

5 이에 여러 교회가 믿음이 더 굳건해지고 수가 날마다 늘어가니라

6 성령이 아시아에서 말씀을 전하지 못하게 하시거늘 그들이 브루기아와 갈라디아 땅으로 다녀가

7 무시아 앞에 이르러 비두니아로 가고자 애쓰되 예수의 영이 허락하지 아니하시는지라

8 무시아를 지나 드로아로 내려갔는데

9 밤에 환상이 바울에게 보이니 마게도냐 사람 하나가 서서 그에게 청하여 이르되 마게도냐로 건너와서 우리를 도우라 하거늘

10 바울이 그 환상을 보았을 때 우리가 곧 마게도냐로 떠나기를 힘쓰니 이는 하나님이 저 사람들에게 복음을 전하라고 우리를 부르신 줄로 인정함이러라

 **마음의 문을 열며**

성경은 인간을 질그릇 같은 존재라고 말합니다. 연약함은 피조물의 한계이자, 피조물의 본성이기도 합니다. 육신의 몸을 입은 인간은 나이가 들수록 신체적 한계를 절감하게 됩니다. 그러나 이러한 연약함은 하나님께서 그분의 자녀에게 원하시는 바가 아닙니다. 하나님을 믿는 사람은 비록 육신은 쇠할지라도 그리스도 예수 안에서 날로 새로워지는 은혜를 입은 존재들입니다.

그러므로 신앙생활이란 자신의 연약함이 하나님의 인도하심을 통해 점점 극복되어가는 과정이라고 할 수 있습니다. 중요한 것은 우리의 연약함이 하나님의 방식으로, 하나님의 방향으로 극복되는 것입니다.

오늘 본문을 통해서 우리는 하나님께서 어떻게 연약한 인생을 하나님의 방식으로 인도하시는지 배울 것입니다. 아무쪼록 나의 연약한 삶조차 세밀하게 인도하시는 하나님의 손길을 포착하는 영적 예민함을 회복하고, 그 인도하심에 감사하는 시간이 되기를 바랍니다.

1. 바울의 한평생을 돌아보면 귀한 만남이 여럿 있었습니다. 특별히 디도와 디모데는 바울의 사역을 이해하는 중요한 인물들입니다. 할례와 관련해서 바울이 디도와 디모데에게 각각 어떻게 행하고 있습니까?

   • 3절

   • 갈 2:3

2. 디도와 디모데는 둘 다 바울에게 믿음의 아들들이었습니다. 그런데 디도에게는 할례를 받지 않게 했지만, 디모데에게는 할례를 받게 했습니다. 그 이유가 무엇이라고 생각합니까? 환경 및 문화적 차이의 장벽 앞에서 연약한 인생이 어떻게 하나님의 인도를 받을 수 있는지 생각하며 답해보세요. (참고. 고전 9:22)

3. 하나님 나라를 위한 새로운 계획을 세우고 추진하려 했던 바울에게 하나님은 어떻게 개입하셨습니까? 바울이 선한 의도로 일하려 했지만 그를 다른 방향으로 인도하신 하나님의 뜻은 무엇입니까?

• 6-7절

• 9절

4. 바울은 아시아에서 선교를 하기 원했으나 하나님께서는 그 길을 막으시고 그가 유럽으로 향하게 하셨습니다. 성경을 전체적으로 볼 때, 하나님께서 이렇게 하신 이유는 무엇이라 생각합니까? 당신도 삶에서 이런 일을 경험한 적이 있습니까? 하나님께서 당신이 원한 방향이 아니라 다른 방향으로 움직이셨던 경험을 나눠보세요. (참고. 창 26:2; 막 14:36)

5. 사도 바울은 아시아의 비두니아로 가기를 원했지만, 성령께서 허락하지 않으셨기 때문에 마게도냐로 선교의 방향을 바꾸었습니다. 이처럼 하나님께서 나의 뜻과 계획과는 다른 방향으로 인도하실 때 우리는 어떻게 반응해야 할까요? (참고. 대상 28:2-3, 20)

6. 다음 글을 읽고 신앙생활은 연약한 인생이 하나님을 의지하며 연약함을 극복하는 과정임을 묵상해보세요.

> 성경은 우리 인생이 참으로 연약한 존재임을 말씀하고 있습니다. 사도 바울은 우리를 질그릇 같은 약한 존재라고 말합니다. 그런데 그리스도인은 비록 이렇게 깨지기 쉬운 존재이지만, 그 속에 보배로우신 예수님을 품고 있기에 우리가 사방으로 고통이나 환란이나 괴로움으로 욱여쌈을 당해도 싸이지 않고 답답한 일을 당해도 낙심하지 않으며, 박해를 받아도, 심지어 거꾸러뜨림을 당해도 망하지 않는다고 했습니다.
> 마르바 던은 나의 약함이 하나님의 강함을 의지하는 시간이기에 약할 때 기뻐하라고 합니다. 그녀는 "관절염으로 고통스러운 두 손, 불구가 된 한쪽 다리, 시력을 잃은 한쪽 눈, 들리지 않는 한쪽 귀, 17퍼센트 정도밖에 일하지 못하는 신장, 연동 운동이 불가능한 내장과 위장…"을 가졌습니다. 우리 중에 이 사람보다 육체적으로 더 어려운 사람은 많지 않을 것입니다. 그런 그가 약함을 기뻐하라고 말합니다. 조건은 하나입니다. 약할 때 하나님을 의지할 수 있는 사람은 기뻐할 수 있다는 것입니다.

7. 인생길에서 예기치 않게 마주하는 닫힌 문 앞에서 우리의 생각은 여러 가지 질문으로 가득 찰 것입니다. 하나님께서 왜 이 문을 열어주지 않으시는지, 나는 왜 이렇게 고통을 받아야 하는지…. 이처럼 이해할 수 없는 상황 속에 있을 때 우리는 어떤 태도를 취해야 합니까? (참고. 행 16:25)

_____

_____

_____

_____

 **삶의 열매를 거두며**

연약한 인생이 하나님께 쓰임 받는 비결은 우리 내면의 동기가 주님을 향하는 데 있습니다. 이것은 하나님의 선한 인도하심에 대한 전적 신뢰요, 믿음입니다. 쓰임 받기를 원하는 것보다 중요한 것은 먼저 쓰임 받는 그릇으로 준비되는 것입니다. 입술로는 쓰임 받기를 소원하면서도 마음은 세상의 즐거움에 붙잡혀 있지는 않은지 자신을 돌아봅시다. 내 속에 여전히 하나님의 인도하시는 손길을 거부하는 것이 있다면, 그것을 끊어낼 뿐 아니라 이제는 나 자신이 연약함을 넘어 다른 형제의 연약함도 돕는 성숙한 자가 될 수 있도록 성령의 도움을 구하는 기도를 드립시다.

한밤중을 통과하는 신앙원칙

사도행전 16:11-40

11 우리가 드로아에서 배로 떠나 사모드라게로 직행하여 이튿날 네압볼리로 가고

12 거기서 빌립보에 이르니 이는 마게도냐 지방의 첫 성이요 또 로마의 식민 지라 이 성에서 수일을 유하다가

13 안식일에 우리가 기도할 곳이 있을까 하여 문밖 강가에 나가 거기 앉아서 모인 여자들에게 말하는데

14 두아디라시에 있는 자색 옷감 장사로서 하나님을 섬기는 루디아라 하는 한 여자가 말을 듣고 있을 때 주께서 그 마음을 열어 바울의 말을 따르게 하신 지라

15 그와 그 집이 다 세례를 받고 우리에게 청하여 이르되 만일 나를 주 믿는 자로 알거든 내 집에 들어와 유하라 하고 강권하여 머물게 하니라

16 우리가 기도하는 곳에 가다가 점치는 귀신 들린 여종 하나를 만나니 점으로 그 주인들에게 큰 이익을 주는 자라

17 그가 바울과 우리를 따라와 소리 질러 이르되 이 사람들은 지극히 높은 하나님의 종으로서 구원의 길을 너희에게 전하는 자라 하며

18 이같이 여러 날을 하는지라 바울이 심히 괴로워하여 돌이켜 그 귀신에게 이르되 예수 그리스도의 이름으로 내가 네게 명하노니 그에게서 나오라 하니 귀신이 즉시 나오니라

19 여종의 주인들은 자기 수익의 소망이 끊어진 것을 보고 바울과 실라를 붙잡아 장터로 관리들에게 끌어갔다가

20 상관들 앞에 데리고 가서 말하되 이 사람들이 유대인인데 우리 성을 심히 요란하게 하여

21 로마 사람인 우리가 받지도 못하고 행하지도 못할 풍속을 전한다 하거늘

22 무리가 일제히 일어나 고발하니 상관들이 옷을 찢어 벗기고 매로 치라 하여

23 많이 친 후에 옥에 가두고 간수에게 명하여 든든히 지키라 하니

24 그가 이러한 명령을 받아 그들을 깊은 옥에 가두고 그 발을 차꼬에 든든히 채웠더니

25 한밤중에 바울과 실라가 기도하고 하나님을 찬송하매 죄수들이 듣더라

26 이에 갑자기 큰 지진이 나서 옥터가 움직이고 문이 곧 다 열리며 모든 사람의 매인 것이 다 벗어진지라

27 간수가 자다가 깨어 옥문들이 열린 것을 보고 죄수들이 도망한 줄 생각하고 칼을 빼어 자결하려 하거늘

28 바울이 크게 소리 질러 이르되 네 몸을 상하지 말라 우리가 다 여기 있노라 하니

29 간수가 등불을 달라고 하며 뛰어 들어가 무서워 떨며 바울과 실라 앞에 엎드리고

30 그들을 데리고 나가 이르되 선생들이여 내가 어떻게 하여야 구원을 받으리이까 하거늘

31 이르되 주 예수를 믿으라 그리하면 너와 네 집이 구원을 받으리라 하고

32 주의 말씀을 그 사람과 그 집에 있는 모든 사람에게 전하더라

33 그 밤 그 시각에 간수가 그들을 데려다가 그 맞은 자리를 씻어주고 자기와 그 온 가족이 다 세례를 받은 후

34 그들을 데리고 자기 집에 올라가서 음식을 차려주고 그와 온 집안이 하나님을 믿으므로 크게 기뻐하니라

35 날이 새매 상관들이 부하를 보내어 이 사람들을 놓으라 하니

36 간수가 그 말대로 바울에게 말하되 상관들이 사람을 보내어 너희를 놓으라 하였으니 이제는 나가서 평안히 가라 하거늘

37 바울이 이르되 로마 사람인 우리를 죄도 정하지 아니하고 공중 앞에서 때리고 옥에 가두었다가 이제는 가만히 내보내고자 하느냐 아니라 그들이 친히 와서 우리를 데리고 나가야 하리라 한대

38 부하들이 이 말을 상관들에게 보고하니 그들이 로마 사람이라 하는 말을 듣고 두려워하여

39 와서 권하여 데리고 나가 그 성에서 떠나기를 청하니

40 두 사람이 옥에서 나와 루디아의 집에 들어가서 형제들을 만나 보고 위로하고 가니라

 # 마음의 문을 열며

예수님을 믿는 삶은 참으로 복된 삶입니다. 이 땅에서 아버지 하나님을 모시고 살면서 천국의 예고편을 누리는 것은 분명 기쁘고 감사한 일입니다. 그러나 이것이 성도의 삶을 고통이나 문제에서 자유롭게 해주는 것은 아닙니다. 하나님의 아들이신 예수님께서도 세상에서 십자가의 고난을 겪으셨다면, 그분을 따르는 우리들역시 인생의 한밤중을 경험하거나 통과할 수 있습니다.

본문은 믿는 자에게 닥치는 고난이나 고통에 대하여 한층 깊은 질문으로 우리를 인도하고 있습니다. 바울과 실라는 하나님의 뜻을 행했기 때문에 도리어 고통을 겪었습니다. 하나님을 잘 섬기려고 하는데도 불구하고 큰 어려움에 부딪힐 때, 믿는 자들은 어떻게 생각하고 어떤 태도를 가져야 할까요? 말씀 속에서 믿는 자가 한밤중을 통과하는 신앙의 원칙을 발견하여 마음에 새기는 시간이 되기를 바랍니다.

 ## 말씀의 씨를 뿌리며

1. 바울이 빌립보에서 복음을 전하다가, 귀신 들린 여인을 고쳐준 이후에 당했던 일은 무엇입니까?

   • 19–22절

2. 하나님의 일에 헌신한 것 때문에 매를 맞고 감옥에 갇힌 바울 일행은, 원망하는 대신 한밤중에 기도하고 찬양하며 예배를 드렸습니다. 인생의 한밤중을 기도와 찬양으로 지나는 이들에게 어떤 일이 일어났습니까?

   • 26절

3. 간수는 감옥 문이 열린 것을 보자 바울과 실라가 도망간 것으로 여겨 자결하려고 했다가 여전히 감옥에 있는 두 사람을 발견했습니다. 그때 간수가 바울과 실라에게 가장 먼저 한 질문은 무엇이며, 이에 대한 바울의 대답은 무엇이었습니까?

   • 30절

   • 31절

4. "인생의 한밤중에 드러난 당신의 모습이 당신의 신앙 수준, 믿음의 진위를 보여준다"라는 말에 대해서 어떻게 생각합니까? 이것이 왜 중요할까요? (참고. 막 14:50; 행 4:19; 딤후 4:10)

---

5. 빌립보 감옥의 간수는 옥문이 열린 것을 보고 죄수가 도망친 것으로 오해하여 목숨마저 끊으려고 했습니다. 그러나 이처럼 가장 힘든 시간이 오히려 간수의 생명과 그의 가족을 살리는 계기가 되었습니다. 간수는 절체절명의 순간 인생의 본질인 구원과 관련된 질문을 던지면서 한밤중을 통과했습니다. 당신은 인생의 한밤중을 어떤 방식으로 통과했는지 함께 나눠보세요.

---

6. 다음 글을 읽고 인생의 한밤중에 진짜 신앙과 가짜 신앙이 드러난다는 사실에 대해 묵상해보세요.

세상에는 겉으로 보기에 금과 똑같은 것이 있습니다. 어떤 사기꾼은 겉을 금으로 입혀서 속이는 경우가 있습니다. 그런데 금 세공사들은 여기에 속지 않습니다. 왜냐하면 이것들을 풀무에 올려놓고 녹이면, 진짜와 가짜가 그대로 드러나기 때문입니다. 신앙도 마찬가지입니다. 인생의 풀무 속으로 들어가면 그 누구라도 진짜 신앙과 가짜 신앙이 그대로 드러나게 되어 있습니다. 겉으로는 똑같아 보이는 찻잎도 펄펄 끓는 물에 넣으면 진짜와 가짜를 구분할 수 있습니다. 진짜 차는 물이 뜨거울수록 풍미와 깊이가 더해집니다. 진짜 신앙도 힘들 때 오히려 신앙의 향기와 깊이가 더해가지만, 가짜는 냄새만 풍길 뿐입니다.

A.W. 토저 목사님은 진짜와 가짜에 대해서 이렇게 말합니다. "진짜 신앙을 가진 사람은 그리스도의 승리를 믿기 때문에, 그 승리에 참여하기 위해서 어떤 고난도 마다하지 않는다. 반면, 가짜 신앙을 가진 사람에게는 '바람이 싫고, 산허리의 양지 바른 곳이 좋다'라는 확신만이 있을 뿐이다. 모든 사람은 당장은 평안을 주는 것 같은 가짜 신앙의 편에 서야 할지, 아니면 영원한 평안을 주는 진짜 신앙의 편에 서야 할지를 스스로 결정해야 한다."

7. 인생의 한밤중은 하나님께서 가장 깊이, 적극적으로 개입하시는 시간입니다. 바울과 실라, 욥 등 신앙의 선진들은 예배를 통해서 고난을 통과했습니다. 바울과 실라와 간수는 인생의 한밤중을 함께 지나면서 영적인 공동체를 형성했고, 이는 빌립보에 교회가 세워지는 복으로 이어졌습니다.

한밤중을 지나다 보면 자신의 문제에 함몰되어 하나님께 예배 드리는 것을 소홀히 하기 쉬운데, 어떻게 하면 예배에 집중할 수 있을까요? 더불어 다락방과 같은 신앙 공동체를 통해서 누리는 위로와 격려에 대해서도 이야기해봅시다.

 **삶의 열매를 거두며**

믿는 자가 삶의 환난을 지나는 길은 첫째, 바울과 실라처럼 감옥에서도 하나님을 예배하는 자리에 나아가는 것이요, 둘째, 주의 몸 된 신앙 공동체를 통한 위로와 회복을 받는 것입니다. 지금 인생의 깊은 밤을 경험하고 있습니까? 어떤 경우에도 참된 예배자가 되고, 영가족으로서 신앙 공동체를 세우는 자가 되기로 결심하는 기도를 올려드립시다.

Lesson 8

거꾸로 된 세상을 바로잡는 역할 모델

사도행전 17:1-15

1 그들이 암비볼리와 아볼로니아로 다녀가 데살로니가에 이르니 거기 유대인의 회당이 있는지라

2 바울이 자기의 관례대로 그들에게로 들어가서 세 안식일에 성경을 가지고 강론하며

3 뜻을 풀어 그리스도가 해를 받고 죽은 자 가운데서 다시 살아나야 할 것을 증언하고 이르되 내가 너희에게 전하는 이 예수가 곧 그리스도라 하니

4 그중의 어떤 사람 곧 경건한 헬라인의 큰 무리와 적지 않은 귀부인도 권함을 받고 바울과 실라를 따르나

5 그러나 유대인들은 시기하여 저자의 어떤 불량한 사람들을 데리고 떼를 지어 성을 소동하게 하여 야손의 집에 침입하여 그들을 백성에게 끌어내려고 찾았으나

6 발견하지 못하매 야손과 몇 형제들을 끌고 읍장들 앞에 가서 소리 질러 이르되 천하를 어지럽게 하던 이 사람들이 여기도 이르매

7 야손이 그들을 맞아들였도다 이 사람들이 다 가이사의 명을 거역하여 말하되 다른 임금 곧 예수라 하는 이가 있다 하더이다 하니

8 무리와 읍장들이 이 말을 듣고 소동하여

9 야손과 그 나머지 사람들에게 보석금을 받고 놓아주니라

10 밤에 형제들이 곧 바울과 실라를 베뢰아로 보내니 그들이 이르러 유대인의 회당에 들어가니라

11 베뢰아에 있는 사람들은 데살로니가에 있는 사람들보다 더 너그러워서 간절한 마음으로 말씀을 받고 이것이 그러한가 하여 날마다 성경을 상고하므로

12 그중에 믿는 사람이 많고 또 헬라의 귀부인과 남자가 적지 아니하나

13 데살로니가에 있는 유대인들은 바울이 하나님의 말씀을 베뢰아에서도 전하는 줄을 알고 거기도 가서 무리를 움직여 소동하게 하거늘

14 형제들이 곧 바울을 내보내어 바다까지 가게 하되 실라와 디모데는 아직 거기 머물더라

15 바울을 인도하는 사람들이 그를 데리고 아덴까지 이르러 그에게서 실라와 디모데를 자기에게로 속히 오게 하라는 명령을 받고 떠나니라

 마음의 문을 열며

예수님을 구주로 모신 이후에는 언제나 두 가지 질문을 가슴에 품고 살아야 합니다. '나는 그리스도인인가?' '나는 그리스도인으로 살고 있는가?' 첫 번째 질문은 내가 누구인가에 대한 정체성의 문제를 다루고 있습니다. 이것은 스스로에게 던지는 것이기도 하지만, 다른 사람에게 받는 질문이기도 합니다. 교회에 출석하는 성도들 다수는 "당신은 그리스도인인가?"라는 질문에 대해서 "그렇다"라고 답할 것입니다. 그러나 "당신은 그리스도인으로 살고 있는가?"라는 질문에 대해서는, 적지 않은 성도들이 자신 있게 대답하지 못합니다. 당신은 어떻습니까?

본문은 이 세상에서 그리스도인으로 산다는 것이 죄로 전도되고 훼손된 삶을 바르게 정렬하는 역할을 하는 것임을 보여주고 있습니다. 말씀 속에서 거꾸로 된 세상을 바로잡기 위해서 내가 해야 할 역할 모델은 무엇인지, 또 어떻게 해야 제대로 된 역할 모델의 삶을 살 수 있는지 교훈을 얻길 바랍니다.

🌱 말씀의 씨를 뿌리며

1. 바울이 데살로니가에서 복음을 전하는 것을 시기한 유대인들은 바울 일행에게 어떤 적대적 행동을 하고 있습니까?

• 5-6절

2. 바울 일행은 천하를 어지럽힌다는 비난을 받았는데, 이는 데살로니가 지역에서 처음 듣는 말이 아니었습니다(행 16:20). 세상 사람들은 왜 복음이 천하를 어지럽힌다고 여길까요? (참고. 살전 1:5-7)

3. 데살로니가에서 바울을 대적했던 유대인들과는 대조적으로, 베뢰아 사람들은 성경에 대해 어떤 태도를 보여주고 있습니까?

• 11절

4. 절대 진리가 부재하고 상대주의가 진리처럼 득세하며 죄로 뒤집힌 세상의 질서를 바로잡는 길은 하나님의 말씀뿐입니다. 죄의 권세를 이기신 예수 그리스도가 곧 말씀이기 때문입니다. 성경 말씀이 어떻게 우리의 지성과 감정과 의지를 변화시키는지 정리해보세요. (참고. 딤후 3:16-17; 고후 10:5)

5. 아담 이후로 지금까지 하나님께 불순종한 인생, 가정, 나라는 뒤집어진 인생, 뒤집어진 가정, 뒤집어진 나라가 되었습니다. 이것을 바르게 회복하려면 성령을 통해 주시는 복음의 능력이 필요합니다. 오늘날에도 복음이 세상을 거룩으로 전복시키는 능력을 발휘합니까? 이를 위해 그리스도인으로서 당신에게 요구되는 것은 무엇이며, 당신은 무엇을 할 수 있습니까? (참고. 엡 6:13-18; 딤전 6:12)

6. 다음 글을 읽고 죄 때문에 거꾸로 된 세상을 바로잡기 위해서는 우리의 생명까지 걸어야 한다는 사실을 묵상해보세요.

> 기독교 역사가 계속되는 동안 이루 헤아릴 수 없는 이들이 신앙을 지키다가 목숨을 잃었다. 어떤 이들은 주님처럼 십자가에 달렸고, 더러는 불에 타 죽었다. 허다한 이들이 찬양을 부르며 숨져갔다. 산 채로 살가죽을 벗기는 형을 받았던 인도의 어느 그리스도인은 집행관에게 다음과 같이 말했다고 한다. "낡고 오래된 옷을 벗겨주시니 고맙습니다. 이제 곧 그리스도의 의를 덧입겠군요."
> 크리스토퍼 러브(Christopher Love)는 처형대에 오를 준비를 하는 사이에 아내에게 간단한 글을 남겼다. "오늘 저들은 내 육신의 머리를 자르겠지만, 내 영혼의 머리이신 그리스도로부터 끊어내지는 못할 거요."
> 생명을 걸고 그리스도의 의로 옷 입은 사람만이 거꾸로 된 세상을 바로잡을 수 있는 것이다.[2]

7. 바울은 죄 때문에 거꾸로 된 세상을 "어그러지고 거스르는 세대"(빌 2:15)라고 표현합니다. 어그러지고 거스르는 세대를 복음만이 바로 잡을 수 있는 이유는 복음의 본성이 치료와 고침과 새롭게 하는 것이기 때문입니다(사 61:1). 우리가 거꾸로 된 세상을 하나님께서 창조하신 질서대로 회복하는 유일한 길은 말씀으로 무장함으로써 우리의 지정의(知情意)를 변화시키는 것입니다. 당신의 말씀 생활을 나누어보고, 보다 나은 말씀 생활을 위한 실천 계획을 세워봅시다.

삶의 열매를 거두며

죄로 가치 전도된 이 세상을 바로잡는 유일한 길은 피 묻은 복음의 능력입니다. 피 묻은 복음만이 마귀를 멸하고, 죄로 인한 절망을 복음의 소망으로 바꿀 수 있으며, 죄로 인한 상처투성이의 자아를 회복할 수 있기 때문입니다. 베뢰아 사람처럼 간절한 마음으로 말씀을 받아 묵상함으로 피 묻은 복음의 능력에 사로잡혀, 개인의 삶과 가정은 물론이요 삶의 현장에서 죄 때문에 거꾸로 된 세상을 온전히 회복하는 역할을 다할 수 있도록 기도를 드립시다.

Lesson 9

우리의 지성을 새롭게 하는 복음

사도행전 17:16-34

16 바울이 아덴에서 그들을 기다리다가 그 성에 우상이 가득한 것을 보고 마음에 격분하여

17 회당에서는 유대인과 경건한 사람들과 또 장터에서는 날마다 만나는 사람들과 변론하니

18 어떤 에피쿠로스와 스토아 철학자들도 바울과 쟁론할새 어떤 사람은 이르되 이 말쟁이가 무슨 말을 하고자 하느냐 하고 어떤 사람은 이르되 이방 신들을 전하는 사람인가보다 하니 이는 바울이 예수와 부활을 전하기 때문이러라

19 그를 붙들어 아레오바고로 가며 말하기를 네가 말하는 이 새로운 가르침이 무엇인지 우리가 알 수 있겠느냐

20 네가 어떤 이상한 것을 우리 귀에 들려주니 그 무슨 뜻인지 알고자 하노라 하니

21 모든 아덴 사람과 거기서 나그네 된 외국인들이 가장 새로운 것을 말하고 듣는 것 이외에는 달리 시간을 쓰지 않음이더라

22 바울이 아레오바고 가운데 서서 말하되 아덴 사람들아 너희를 보니 범사에 종교심이 많도다

23 내가 두루 다니며 너희가 위하는 것들을 보다가 알지 못하는 신에게라고 새긴 단도 보았으니 그런즉 너희가 알지 못하고 위하는 그것을 내가 너희에게 알게 하리라

24 우주와 그 가운데 있는 만물을 지으신 하나님께서는 천지의 주재시니 손으로 지은 전에 계시지 아니하시고

25 또 무엇이 부족한 것처럼 사람의 손으로 섬김을 받으시는 것이 아니니 이는 만민에게 생명과 호흡과 만물을 친히 주시는 이심이라

26 인류의 모든 족속을 한 혈통으로 만드사 온 땅에 살게 하시고 그들의 연대를 정하시며 거주의 경계를 한정하셨으니

27 이는 사람으로 혹 하나님을 더듬어 찾아 발견하게 하려 하심이로되 그는 우리 각 사람에게서 멀리 계시지 아니하도다

28 우리가 그를 힘입어 살며 기동하며 존재하느니라 너희 시인 중 어떤 사람들의 말과 같이 우리가 그의 소생이라 하니

29 이와 같이 하나님의 소생이 되었은즉 하나님을 금이나 은이나 돌에다 사람의 기술과 고안으로 새긴 것들과 같이 여길 것이 아니니라

30 알지 못하던 시대에는 하나님이 간과하셨거니와 이제는 어디든지 사람에게 다 명하사 회개하라 하셨으니

31 이는 정하신 사람으로 하여금 천하를 공의로 심판할 날을 작정하시고 이에 그를 죽은 자 가운데서 다시 살리신 것으로 모든 사람에게 믿을 만한 증거를 주셨음이니라 하니라

32 그들이 죽은 자의 부활을 듣고 어떤 사람은 조롱도 하고 어떤 사람은 이 일에 대하여 네 말을 다시 듣겠다 하니

33 이에 바울이 그들 가운데서 떠나매

34 몇 사람이 그를 가까이하여 믿으니 그중에는 아레오바고 관리 디오누시오와 다마리라 하는 여자와 또 다른 사람들도 있었더라

마음의 문을 열며

하나님께서는 인간을 창조하실 때 우리의 전인격이 하나님을 알고, 하나님을 향하도록 만드셨습니다. 우리의 감정은 물론이요 생각과 마음을 포괄하는 지성도 여기에 포함됩니다(롬 2:19-20).

그런데 죄로 인해 우리의 감정과 지성이 훼손되었고, 그 결과 창조주 하나님을 예배해야 할 감정과 지성은 오히려 하나님을 반역하는 상태로 전락해버렸습니다. 여기에는 사탄의 집요하고도 치밀한 전략이 숨겨져 있음은 물론입니다.

예수님을 구세주로 믿는다는 것은, 우리의 망가진 감정이나 지성을 하나님께서 창조하신 본래의 목적대로 회복하는 것을 의미합니다.

오늘 말씀 속에서 죄 때문에 상처 입은 우리의 지성이 예수님을 믿음으로 어떻게 회복되는지, 또한 회복된 지성을 통해서 내가 속한 곳을 어떻게 변화시킬 수 있는지 확인하는 시간이 되기를 바랍니다.

말씀의 씨를 뿌리며

1. 아덴에 가득한 우상을 보고 바울의 마음은 거룩한 분노로 가득 찼습니다. 이로 인해 바울이 그곳에서 날마다 변론하며 전했던 것은 무엇입니까?

   • 18절

   _____

   _____

   _____

   _____

2. 예수 그리스도와 부활을 전했던 바울에게 아덴 지식인들은 어떤 태도를 보였습니까?

   • 19–21절

   _____

   _____

   _____

   _____

   _____

   _____

3. 2,000년 전 아덴 지식인이나 오늘날의 지식인들이 바울이 전한 복음을 외면하는 이유는, 첫째, 기본적으로 자신을 과신하는 경향이 있고, 둘째, 실존적인 면에서 하나님을 인정하는 것에 대한 두려움이 있으며, 셋째, 자유로운 지식을 추구하는 지식인들에게 복음의 절대 진리인 '유일한 구원의 길'은 자신들의 지식을 제한하는 것처럼 여겨지기 때문입니다. 이 외에도 지성인이라 자칭하는 이들이 복음을 외면하는 또 다른 이유는 무엇입니까? 당신도 이러한 지적 함정에 빠져 있지는 않습니까? (참고. 롬 1:25a, 28a)

4. "지적 자살을 감행하지 않고도 복음을 받아들일 수 있다"라는 존 스토트의 말은 젊은이들에게 큰 도전을 주었습니다. 이 말이 의미하는 바는 무엇입니까? 이와 연관하여 미련한 자로 지혜 있는 자를 부끄럽게 하신다(고전 1:27)는 말씀을 자신의 말로 풀어서 이야기해 보세요.

5. 오늘날 세상은 기독교에 적대적인 태도를 보이고 있습니다. 이런 현실은 복음에 대한 지성인들의 왜곡되고 그릇된 모습에 기인하는 바가 큽니다. 당신도 왜곡되고 자신의 한계에 갇혀 있어 복음을 받아들이지 못하는 지식인들을 향해서 바울이 아덴 지식인들에게 가졌던 거룩한 분노와 안타까움을 느낍니까? 복음을 거부하는 지식인들에게 바울 사도처럼 명료하고 분명한 복음의 핵심을 설명할 준비가 되어 있습니까?

6. 다음 글을 읽고 올바른 기독교적 지성의 형성에 대해서 묵상해보세요.

기독교적 지성이 형성되면, 그것은 하나님 나라의 가치관에 입각하여 작동하기 시작한다. 그러기 위해서는 지속적으로 성경을 연구해야 한다. 날마다 개인적인 경건의 시간을 갖는 것뿐 아니라, 삶에서 다루기 힘든 문제를 놓고 의도적으로 성경 말씀을 묵상하며 의지하는 것이 필요하다. 하나님은 진정 어떠한 분이신가? 우리는 어떻게 그분을 알 수 있으며, 또한 우리가 그분을 안다는 것을 어떻게 알 수 있는가? 그러면 우리는 어떻게 살 것인가? 기독교적 지성을 형성하기 위해서는 기독교적 시각에서 쓴 책들을 지속적으로 읽는 것이 필요하다. 다른 사람들 역시 우리보다 앞서 이러한 길을 걸어갔다. 그들의 발자취 덕분에 우리가 가는 길은 더 쉬워질 수 있다. 내가 가장 훌륭하고 기본적이라고 생각한 책들에 대한 소개는 뒤에 나와 있다.

마지막으로, 기독교적 지성을 형성하기 위해서는 성경을 연구하고 기독교 서적을 읽음으로써 배운 것을 실천하면서 하나님께 끊임없이 순종하는 자세가 필요하다. 이것은 오스 기니스(Os Guinness)가 "지식의 책임"이라고 부른 것이다. 만일 우리가 안다고 생각하면서도 아직 그것을 행하고 있지 않다면, 온전한 성경적인 의미로 볼 때 우리는 진정으로 알지 못하는 것이다.[3]

7. 믿는 자가 지성인에게 생명의 복음을 제대로 전하기 위해서 어떤 태도를 가져야 할지 정리해봅시다. "첫째, 두려워하지 마십시오. 거룩한 의분을 가집시다. 아테네 사람들이 바울을 말쟁이라고 불렀다면, 우리들도 그렇게 불릴 가능성이 큽니다. 둘째, 반대를 예상하세요. 바울은 쾌락주의자들이요 무신론자인 '에피쿠로스 학파'와 금욕주의자요 범신론자인 '스토아 학파'의 심한 반대에 부딪혔습니다. 셋째, 예수님께만 집중하십시오. 무엇보다 중요한 것은 바울처럼 복음 전하는 기회를 놓치지 않는 것입니다."
이를 위한 당신의 결심과 실천을 이야기해보세요.

....

....

....

....

삶의 열매를 거두며

죄로 훼손된 지성은 사탄의 가장 좋은 먹잇감입니다. 예수님의 피 묻은 복음만이 죄로 상처 난 지성을 회복시킬 수 있습니다. 복음을 통하여 새롭게 된 지성만이 하나님을 반역하는 이 땅의 사고방식을 뛰어넘을 수 있습니다. 남은 일생 동안 나의 생각과 마음이 복음에 붙잡혀 날마다 새로워질 수 있도록, 하나님의 말씀을 읽고 묵상하고 실천하는 것에 힘을 쏟아 생명을 살리는 일에 귀히 쓰임 받을 수 있도록 기도를 드립시다.

세상의 큰 위협 앞에 두렵고 떨릴 때

사도행전 18:1-11

1 그 후에 바울이 아덴을 떠나 고린도에 이르러

2 아굴라라 하는 본도에서 난 유대인 한 사람을 만나니 글라우디오가 모든 유대인을 명하여 로마에서 떠나라 한 고로 그가 그 아내 브리스길라와 함께 이달리야로부터 새로 온지라 바울이 그들에게 가매

3 생업이 같으므로 함께 살며 일을 하니 그 생업은 천막을 만드는 것이더라

4 안식일마다 바울이 회당에서 강론하고 유대인과 헬라인을 권면하니라

5 실라와 디모데가 마게도냐로부터 내려오매 바울이 하나님의 말씀에 붙잡혀 유대인들에게 예수는 그리스도라 밝히 증언하니

6 그들이 대적하여 비방하거늘 바울이 옷을 털면서 이르되 너희 피가 너희 머리로 돌아갈 것이요 나는 깨끗하니라 이 후에는 이방인에게로 가리라 하고

7 거기서 옮겨 하나님을 경외하는 디도 유스도라 하는 사람의 집에 들어가니 그 집은 회당 옆이라

8 또 회당장 그리스보가 온 집안과 더불어 주를 믿으며 수많은 고린도 사람도 듣고 믿어 세례를 받더라

9 밤에 주께서 환상 가운데 바울에게 말씀하시되 두려워하지 말며 침묵하지 말고 말하라

10 내가 너와 함께 있으매 어떤 사람도 너를 대적하여 해롭게 할 자가 없을 것이니 이는 이 성중에 내 백성이 많음이라 하시더라

11 일 년 육 개월을 머물며 그들 가운데서 하나님의 말씀을 가르치니라

 ## 마음의 문을 열며

누가 당신에게 "예수 믿은 후의 삶의 여정이 어떤가?"라고 묻는다면, 당신의 가슴속에서 우러나오는 솔직한 답은 무엇입니까? 예수님을 믿고 나서 걷는 길이 꽃길입니까? 아니면 가시밭길입니까?

본문은 이 질문에 대한 실마리를 던지고 있습니다. 예수님을 믿으면 만사가 형통할 것을 기대하는 사람들에게는 이해하기 어려운 내용이 펼쳐져 있습니다. 한편으로는 진정 예수님을 구주로 믿는다는 것이 무엇인지를 생생하게 보여줍니다. 젖으로만 사는 어린 신앙에서 하나님이 바라시는 성숙한 신앙에 눈을 뜨는 시간, 예수님을 믿는 자에게 주시는 하나님의 참된 위로와 진정한 복에 대해 생각하는 시간이 되기를 바랍니다.

말씀의 씨를 뿌리며

1. 아덴을 떠나 고린도에 도착한 바울은 혼자 사역하지 않았습니다.
   바울이 고린도에서 함께한 사람들은 누구입니까?
   • 2절

   • 5절

2. 바울이 고린도에서 복음을 전할 때 마주한 현실은 어떠했습니까?
   • 6절

   • 고전 2:3

3. 바울은 생명조차 아끼지 않고 복음을 전했던 복음의 전사였습니다. 하지만 그에게도 때로는 두려워하여 심히 떨 정도로 약한 면이 있었습니다. 하나님께서는 이런 바울을 어떻게 위로하십니까?
   • 9-10절

4. 바울 사도에게는 디모데와 실라와 같은 교역자 동역자와 아굴라와 브리스길라 같은 평신도 동역자가 있었습니다. 당신에게는 마음을 함께하는 신앙의 동지가 있습니까? 그들을 통해서 힘을 얻었던 경험을 나눠봅시다. (참고. 살전 3:6-8)

_____

_____

_____

_____

_____

_____

5. 하나님의 위로는 구체적입니다(10절). 고린도에서 바울은 사방으로부터 위협을 받았지만 하나님께서 주시는 위로 가운데 데살로니가 전후서를 쓰고, 로마서의 뼈대를 완성했습니다. 우리가 비록 어린 아이처럼 부족하고 두려움에 떨 때도 하나님께서 역사하시면 사역에 은혜가 넘치며 열매를 거둘 것입니다. 지금까지 신앙생활을 하는 동안 두렵고 떨릴 때 하나님께서 주셨던 위로에 대해서 나눠보세요.

_____

_____

_____

_____

6. 세상의 큰 위협 앞에서 두렵고 떨릴 때 그리스도인이 취해야 할 태도에 대해 묵상해보세요.

《순교자의 거울》을 쓴 반 브라이트는 이렇게 말했습니다. "우리는 슬픈 시대를 살고 있다. 어쩌면 우리는 하나님을 간증하다 죽임을 당한 순교자들의 피와 고난이 얼룩진 세대보다 더 위험한 시대에 살고 있는지 모른다. 사탄은 밤을 틈타 몰래 오며, 어스름한 불빛으로 몸을 숨기며, 겉으로는 웃음을 띤 이중적인 모습으로 등장하여 영혼을 무너뜨리기 위해 잠복하고 있는 것이다."

어떻게 해야 우리의 영혼을 깨뜨리려는 세상의 위협과 유혹 앞에 맞설 수 있을까요? R. A. 토레이는 믿는 자들에게 두 가지를 요청하고 있습니다. 첫째, 성경 말씀을 심신에 새기는 것입니다. "그리스도인은 성경이 불에 타 없어져도 강하고 담대할 수 있도록 말씀을 정확하게 기억할 수 있어야 하며 다른 사람들과 나눌 수 있어야 한다." 둘째, 성령의 인도를 받는 것입니다. "매일 아침 묵상의 시간을 통해 하나님께서 나에게 말씀하시고 지시하는 것을 듣는 것이 최선의 방법이다."

얄팍한 신앙은 핍박의 불에 미혹당할 수 있습니다. 그러나 끝까지 믿음을 가지고 인내하면, 우리가 소망하는 바대로 지극히 높으신 구원의 하나님을 바라며 흘린 눈물을 닦아주실 그날이 반드시 올 것입니다.

7. 하나님의 위로가 임하면 인생의 그 어떤 황폐함도 이사야 51장 3절 말씀처럼 기쁨과 즐거움과 감사와 찬양의 소리가 있는 심령의 에덴동산으로 바뀔 수 있습니다. 고통 중에도 내 영혼이 즐거워하는 것을 어떻게 알 수 있습니까? 현실은 고통스럽고 절망스러운데 이상하게 입술에서 찬양이 흘러나온 경험이 있습니까? 어떻게 하면 우리를 두려워 떨게 하는 현실 속에서도 상록수 신앙으로 살아갈 수 있을까요? 이를 위해 성령의 위로를 사모하며 구하는 기도를 드립시다.

 ## 삶의 열매를 거두며

하나님께서는 두려움과 떨림으로 신앙의 길을 걸었던 사도 바울에게 첫째는 하늘로부터 임하는 위로를 주셨고, 둘째는 브리스길라와 아굴라 같은 영적인 동지들을 주셨습니다. 이것은 신앙인으로서 우리가 마땅히 구해야 할 복입니다. 우리의 남은 인생이 날마다 하나님의 위로를 경험하고, 언제 어떤 자리에서도 신앙으로 나를 격려하며 감싸는 거룩한 인복을 주시도록 간절히 기도를 드립시다.

신앙인의 근본적 토대: 성령

사도행전 18:24-19:7

18:24 알렉산드리아에서 난 아볼로라 하는 유대인이 에베소에 이르니 이 사람은 언변이 좋고 성경에 능통한 자라

25 그가 일찍이 주의 도를 배워 열심으로 예수에 관한 것을 자세히 말하며 가르치나 요한의 세례만 알 따름이라

26 그가 회당에서 담대히 말하기 시작하거늘 브리스길라와 아굴라가 듣고 데려다가 하나님의 도를 더 정확하게 풀어 이르더라

27 아볼로가 아가야로 건너가고자 함으로 형제들이 그를 격려하며 제자들에게 편지를 써 영접하라 하였더니 그가 가매 은혜로 말미암아 믿은 자들에게 많은 유익을 주니

28 이는 성경으로써 예수는 그리스도라고 증언하여 공중 앞에서 힘 있게 유대인의 말을 이김이러라

19:1 아볼로가 고린도에 있을 때에 바울이 윗지방으로 다녀 에베소에 와서 어떤 제자들을 만나

2 이르되 너희가 믿을 때에 성령을 받았느냐 이르되 아니라 우리는 성령이 계심도 듣지 못하였노라

3 바울이 이르되 그러면 너희가 무슨 세례를 받았느냐 대답하되 요한의 세례니라

4 바울이 이르되 요한이 회개의 세례를 베풀며 백성에게 말하되 내 뒤에 오시는 이를 믿으라 하였으니 이는 곧 예수라 하거늘

5 그들이 듣고 주 예수의 이름으로 세례를 받으니

6 바울이 그들에게 안수하매 성령이 그들에게 임하시므로 방언도 하고 예언도 하니

7 모두 열두 사람쯤 되니라

 마음의 문을 열며

수천 년 역사를 돌아보면 역사의 물줄기를 돌려놓았던 수많은 변곡점들이 있습니다. 우리의 인생도 마찬가지입니다. 아마도 이 글을 읽을 때면, 이미 내 삶의 방향을 돌려놓은 여러 변곡점들이 생각날 것입니다. 그리스도인에게도 삶의 차원을 바꾸는 변곡점들이 있습니다. 오랫동안 예수님을 믿어왔지만 관성으로 신앙생활을 하는 사람들이 있습니다. 예를 들면, 부모님 때부터 믿어왔으니까 그냥 그 길을 가는 것입니다.

본문은 신앙생활에서 변곡점을 맞은 사람의 이야기를 다루고 있습니다. 신앙생활을 하기는 했지만, 그것이 전부인 줄 알았던 사람에게 이전과는 또 다른 차원의 신앙의 길을 여는 결정적인 순간을 보여주고 있습니다. 예수님을 믿은 후에도 신앙의 진보가 없었다면, 예수님을 믿는다는 감격으로 가슴이 벅차올랐던 경험이 없었다면 "하나님 아버지, 제게도 예수님을 믿는 신앙의 큰 바닷속으로 들어가, 그 삶의 깊이와 넓이를 알게 하시고, 새로운 차원의 신앙으로 올라가게 해주세요"라고 기도하는 마음을 가지고 말씀 앞으로 다가서기를 바랍니다.

말씀의 씨를 뿌리며

1. 본문에 나타난 아볼로는 어떤 사람이었습니까?

　• 18:24-25

2. 요한의 세례밖에 알지 못했던 아볼로가 예수는 그리스도라고 공중 앞에서 힘 있게 증거하게 된 계기를 생각해봅시다. (참고. 19:2, 6)

　• 18:26

3. 에베소에 있는 제자들 역시 아볼로처럼 요한의 세례만 알고 성령의 세례를 알지 못했습니다. 성경에서 아볼로와 에베소의 제자들이 요한의 세례만 알 뿐이라 했을 때(18:25; 19:3), 그 의미는 무엇이라 생각합니까?

　• 19:4

4. 구약성경에 정통했던 아볼로와 요한의 세례만 받았던 에베소의 열두 제자들은 어떤 한계에 갇혀 있습니까? 이것이 오늘날 성도들에게 주는 교훈은 무엇이라고 생각합니까?

_____

_____

_____

_____

_____

5. 신앙인이 개인적으로 영적인 새 시대를 열기 위해서 가장 중요한 토대는 성령 충만입니다. 신앙인의 가장 큰 문제는 예수님을 믿는다고 하면서도 성령께 항복하지 않고 성령께 사로잡히지 않는 것입니다. 이로 인해 그리스도인이면서 기쁨도, 은혜도, 능력도 없는 희미한 신앙생활을 하는 것입니다. 성령 충만을 소망하면서도 실제로는 메마른 삶을 사는 이유는 무엇입니까? (참고. 눅 11:13; 엡 4:30a)

_____

_____

_____

_____

_____

_____

6. 다음 글을 읽고 성령은 우리의 인생을 새롭게 변화시키는 능력이 되심을 묵상해보세요.

> 기독교와 다른 종교의 차이가 무엇일까요? 세상의 다른 종교들은 자신의 내면을 분발하게 합니다. 내 안의 생각, 내 안의 지성, 내 안의 의지, 내 안의 감정을 훈련하거나 분발하게 함으로써, 우리 속에 있는 창조적 능력을 끄집어내거나 종교적인 무엇을 이루려고 합니다. 그러나 성경은 분명하게 말씀하고 있습니다. "너희는 위로부터 능력으로 입혀질 때까지 이 성에 머물라"(눅 24:49b).
>
> 토저는 성령이 임하면 우리의 지성이나 감정의 휘장이 위에서부터 아래로 찢어지는 역사가 일어난다고 말합니다. 그동안 우리의 눈을 가렸던 휘장이 벗겨지는 것입니다. 지금 아볼로에게 필요한 것은 그를 제한하고, 그의 시야를 가렸던 지성의 휘장을 위로부터 임하는 성령으로 벗어버리는 것입니다. 이제 비로소 아볼로는 성령의 임재를 통해 복음의 렌즈를 가지고, 십자가의 렌즈를 가지고, 부활의 렌즈를 가지고 세상을 볼 수 있게 된 것입니다. 성령의 기름 부으심을 통해 듣지 못하는 것을 듣고, 보지 못하는 것을 보는 이것이 바로 '영적 혁명'입니다.

7. 우리가 성령 충만한 증거는 무엇일까요? 내가 성령께 항복하고, 성령께서 나를 사로잡은 증거는 무엇입니까? 에베소서 5장 18절 이하에 나오는 말씀을 정리하면, 첫째, 서로 덕스러운 말로 화답하는 것입니다. 둘째, 찬양 속에서 하나님을 예배하는 것입니다. 셋째, 모든 상황에서 감사하는 것입니다. 여기에 비춰 당신에게는 성령 충만의 증거가 있습니까? 더 이상 지식으로만 성령에 대해서 아는 것이 아니라, 성령 충만의 사람으로 살아가기 위한 당신의 결심과 실천을 나눠보세요.

_____

_____

_____

_____

 삶의 열매를 거두며

성령을 경험하는 순간 그리스도인의 삶은 변곡점을 맞이합니다. 예수님의 제자들처럼, 오늘 말씀 속의 아볼로처럼 성령께서 우리 각자의 삶 속에 부어지고, 그것을 누리기만 하면 우리의 삶은 예전과 비교할 수 없는 질적 변화를 경험하게 됩니다. 날마다 성령의 기름 부으심을 위해 기도합시다. 그러나 먼저 성령을 맞이할 그릇이 준비되어 있는지 자신을 살피고, 마땅히 제거해야 할 죄가 있다면 그 길에서 떠날 것을 결심하며, 성령의 도우심을 구하는 기도를 드립시다.

새로운 생명의 잎이 돋아나려면

 사도행전 19:17-41

17 에베소에 사는 유대인과 헬라인들이 다 이 일을 알고 두려워하며 주 예수의 이름을 높이고

18 믿은 사람들이 많이 와서 자복하여 행한 일을 알리며

19 또 마술을 행하던 많은 사람이 그 책을 모아 가지고 와서 모든 사람 앞에서 불사르니 그 책값을 계산한즉 은 오만이나 되더라

20 이와 같이 주의 말씀이 힘이 있어 흥왕하여 세력을 얻으니라

21 이 일이 있은 후에 바울이 마게도냐와 아가야를 거쳐 예루살렘에 가기로 작정하여 이르되 내가 거기 갔다가 후에 로마도 보아야 하리라 하고

22 자기를 돕는 사람 중에서 디모데와 에라스도 두 사람을 마게도냐로 보내고 자기는 아시아에 얼마 동안 더 있으니라

23 그때쯤 되어 이 도로 말미암아 적지 않은 소동이 있었으니

24 즉 데메드리오라 하는 어떤 은장색이 은으로 아데미의 신상 모형을 만들어 직공들에게 적지 않은 벌이를 하게 하더니

25 그가 그 직공들과 그러한 영업하는 자들을 모아 이르되 여러분도 알거니와 우리의 풍족한 생활이 이 생업에 있는데

26 이 바울이 에베소뿐 아니라 거의 전 아시아를 통하여 수많은 사람을 권유하여 말하되 사람의 손으로 만든 것들은 신이 아니라 하니 이는 그대들도 보고 들은 것이라

27 우리의 이 영업이 천하여질 위험이 있을 뿐 아니라 큰 여신 아데미의 신전도 무시 당하게 되고 온 아시아와 천하가 위하는 그의 위엄도 떨어질까 하노라 하더라

28 그들이 이 말을 듣고 분노가 가득하여 외쳐 이르되 크다 에베소 사람의 아데미여 하니

29 온 시내가 요란하여 바울과 같이 다니는 마게도냐 사람 가이오와 아리스다고를 붙들어 일제히 연극장으로 달려 들어가는지라

30 바울이 백성 가운데로 들어가고자 하나 제자들이 말리고

31 또 아시아 관리 중에 바울의 친구된 어떤 이들이 그에게 통지하여 연극장에 들어가지 말라 권하더라

32 사람들이 외쳐 어떤 이는 이런 말을, 어떤 이는 저런 말을 하니 모인 무리가 분란하여 태반이나 어찌하여 모였는지 알지 못하더라

33 유대인들이 무리 가운데서 알렉산더를 권하여 앞으로 밀어내니 알렉산더가 손짓하며 백성에게 변명하려 하나

34 그들은 그가 유대인인 줄 알고 다 한 소리로 외쳐 이르되 크다 에베소 사람의 아데미여 하기를 두 시간이나 하더니

35 서기장이 무리를 진정시키고 이르되 에베소 사람들아 에베소시가 큰 아데미와 제우스에게서 내려온 우상의 신전지기가 된 줄을 누가 알지 못하겠느냐

36 이 일이 그렇지 않다 할 수 없으니 너희가 가만히 있어서 무엇이든지 경솔히 아니하여야 하리라

37 신전의 물건을 도둑질하지도 아니하였고 우리 여신을 비방하지도 아니한 이 사람들을 너희가 붙잡아 왔으니

38 만일 데메드리오와 그와 함께 있는 직공들이 누구에게 고발할 것이 있으면 재판 날도 있고 총독들도 있으니 피차 고소할 것이요

39 만일 그 외에 무엇을 원하면 정식으로 민회에서 결정할지라

40 오늘 아무 까닭도 없는 이 일에 우리가 소요 사건으로 책망 받을 위험이 있고 우리는 이 불법 집회에 관하여 보고할 자료가 없다 하고

41 이에 그 모임을 흩어지게 하니라

마음의 문을 열며

가을이 되면 여름철 풍성했던 가지에서 잎들이 떨어지고 겨울이 되면 앙상한 가지만 남게 됩니다. 그런데 다시 봄이 가까워지면 놀랍게도 나무에 수액이 돌고 새싹이 움트기 시작합니다. 새로운 생명의 능력이 옛것을 밀어내면서 나무가 한 단계 더 자라는 것입니다.

어떤 이들은 과거에 사로잡혀서 가을의 낙엽처럼 메마른 인생을 삽니다. 시간이 흐를수록 인생의 사막화가 진행되고 있는 것입니다. 태어날 때부터 죽음을 향해 달려가는 인생은 어쩔 수가 없습니다. 아무리 화려한 삶을 살았다고 해도 나이를 먹으면 피부에 주름이 지며, 근육은 쇠하게 마련입니다. 그러나 우리의 인생도 바울 사도의 고백처럼 "겉사람은 낡아지나 우리의 속사람은 날로 새로워"질 수 있습니다(고후 4:16).

본문은 시간이 지나면서 낙엽처럼 지는 인생도 다시 새로워지는 길을 보여줍니다. 말씀 속에서 메마르고 낡아진 인생, 이제는 후회밖에 남지 않는 인생이라도 다시 새로운 생명의 능력으로 소생하는 비결을 배울 수 있기를 바랍니다.

🌱 말씀의 씨를 뿌리며

1. 바울 사도가 새로운 생명의 복음을 선포하자 에베소 교회에서 회개의 능력과 과거의 잘못에서 돌아서는 역사가 나타났습니다. 어떤 일이 있었는지 말해보세요.

• 17-19절

_____

_____

_____

2. 복음의 역사가 일어날 때 사탄은 모든 수단을 동원하여 그 생명의 역사를 방해하고 공격합니다. 그동안 우상과 미신에 사로잡혔던 에베소에 생명의 복음이 들어갔을 때 사탄이 어떻게 사람들의 마음을 격동시키고 훼방했는지 다음 구절을 읽고 정리해보세요.

• 24-28절

_____

_____

_____

_____

• 34절

_____

_____

3. 사도행전을 기록한 의사 누가는 아데미의 신상 모형을 만들어 벌이를 했던 데메드리오의 거짓 선동 때문에 바울 사도와 일행이 어려움에 처한 상황을 자세히 기록하고 있습니다. 누가는 그 외에도 사도행전 여러 곳에서 복음의 역사가 일어날 때 사탄이 어떻게 방해했는지를 기록하고 있습니다. 이런 사탄의 공격과 훼방을 보며 어떤 생각과 느낌이 드는지 서로 나눠보세요.

....

....

4. 복음으로 인해 새로운 생명이 움트는 곳에는 언제나 환경의 핍박이 동반되기 마련입니다. 우리 역시 생명의 복음을 가정이나 자신이 속한 공동체에서 전할 때 어려움을 경험하게 됩니다. 오늘날 세상이 어떤 식으로 생명의 복음에 맞서고 있으며 복음이 전해지는 것을 어떻게 방해하고 있는지 생각해본 다음, 생명의 복음을 전하는 가운데 경험했던 어려움이 있다면 나눠보세요.

....

....

5. 이 땅에서 그리스도인으로 산다는 것은 세상으로부터 핍박받는 것을 당연히 여기며 산다는 뜻입니다. 이런 상황은 우리가 주님 앞에 설 때까지 지속될 것입니다. 때로는 복음으로 살기 위해서 세상으로부터 외면을 당하고, 홀로 있는 듯한 느낌이 들기도 합니다. 이처럼 새로운 생명을 움트게 하기 위해서 세상으로부터 욱여쌈을 당할 때 우리는 어떤 마음으로 살아가야 할까요? (참고. 고후 1:8-9)

....

....

6. 다음 글을 읽고 오늘날 그리스도인으로 산다고 하면서도 십자가는 외면하는 세태에 대해 생각해봅시다.

> 하나님을 믿는 모든 사람은 은혜로 구원을 받았습니다. 그가 과거에 어떤 사람이었든지 예수님을 진실로 '나의 주 나의 하나님'으로 믿으면 구원을 받습니다. 이것이 은혜입니다. 그런데 간혹 아무리 큰 죄를 지었다고 해도 예수님만 믿으면 구원을 받게 되는 이 은혜를 오해한 나머지, 습관적으로 죄를 짓고 습관적으로 회개하면서 편하게 사는 사람들이 있습니다. 그러나 루터는 이 은혜가 오히려 우리에게 그리스도의 제자로서의 의무를 면제해준 것이 아니라, 자신을 더 진실한 제자로 만들었다고 했습니다.
>
> 그런데 독일의 순교자였던 본회퍼는 루터의 추종자들이 은혜로 구원을 받는다는 루터의 사상에서 십자가를 져야 하는 제자의 의무는 빼버렸다고 비판했습니다. "제자의 길은 십자가의 법인 그리스도의 법에 대한 복종을 의미하는 것이다. 그리스도의 제자는 주님을 따르며 그리스도의 삶에 참여하자마자 곧 자신이 져야 하는 십자가를 발견할 것이다."[4]

7. 새 생명이 진정 당신의 옛 삶을 밀어내주기를 갈망한다면, 먼저 당신의 영적 생활을 살펴보아야 합니다. 죄에 무감각하거나 세상 문화와 짝하며 살아가지는 않습니까? 당신의 심령에 영적 수액이 흘러 과거의 습관이나 사고방식을 떨쳐내고 있습니까? 새 생명이 옛것을 밀어내주기를 갈망한다면 우리는 이런 태도를 취해야 합니다. 첫째, 성령의 세밀한 음성에 굴복하십시오. 둘째, 자신의 죄를 구체적으로 회개하십시오. 셋째, 죄의 습관을 끊어내도록 성령의 도우심을 구하십시오. 넷째, 어떠한 폭풍 가운데서도 보호하시고 인도하시는 하나님을 의지하며 그 안에서 쉼을 얻으십시오. 이 내용을 참고하여 나는 무엇을 결심하고 어떻게 실천할 것인지 나눠봅시다.

 삶의 열매를 거두며

어떤 인생도, 심지어 세상이 외면하는 인생일지라도 예수 그리스도께서
주신 생명의 복음에 붙잡히기만 하면 그 인생에서 생명이 움트기 시작하
고, 물기가 촉촉한 푸른 잎들로 풍성한 삶을 살 수 있습니다. 이를 위해서
는 먼저 죄에서 떠나야 하며, 성령의 세미한 음성에 예민하게 반응할 수
있어야 합니다. 이제 우리의 남은 인생 동안 죽은 자를 다시 살리시는 하
나님만 의지하겠다고 결심하면서, 인생의 폭풍 속에서도 날마다 새로운
생명의 잎을 맺는 복된 삶을 살길 소원하는 기도를 드립시다.

복음적 팀워크

사도행전 20:1-12

1 소요가 그치매 바울은 제자들을 불러 권한 후에 작별하고 떠나 마게도냐로 가니라

2 그 지방으로 다녀가며 여러 말로 제자들에게 권하고 헬라에 이르러

3 거기 석 달 동안 있다가 배 타고 수리아로 가고자 할 그때에 유대인들이 자기를 해하려고 공모하므로 마게도냐를 거쳐 돌아가기로 작정하니

4 아시아까지 함께 가는 자는 베뢰아 사람 부로의 아들 소바더와 데살로니가 사람 아리스다고와 세군도와 더베 사람 가이오와 및 디모데와 아시아 사람 두기고와 드로비모라

5 그들은 먼저 가서 드로아에서 우리를 기다리더라

6 우리는 무교절 후에 빌립보에서 배로 떠나 닷새 만에 드로아에 있는 그들에게 가서 이레를 머무니라

7 그 주간의 첫날에 우리가 떡을 떼려 하여 모였더니 바울이 이튿날 떠나고자 하여 그들에게 강론할새 말을 밤중까지 계속하매

8 우리가 모인 윗다락에 등불을 많이 켰는데

9 유두고라 하는 청년이 창에 걸터앉아 있다가 깊이 졸더니 바울이 강론하기를 더 오래 하매 졸음을 이기지 못하여 삼 층에서 떨어지거늘 일으켜보니 죽었는지라

10 바울이 내려가서 그 위에 엎드려 그 몸을 안고 말하되 떠들지 말라 생명이 그에게 있다 하고

11 올라가 떡을 떼어 먹고 오랫동안 곧 날이 새기까지 이야기하고 떠나니라

12 사람들이 살아난 청년을 데리고 가서 적지 않게 위로를 받았더라

 # 마음의 문을 열며

이 세상에는 귀한 친구가 있습니다. 자신의 것을 다 주어도 아깝지 않은 사람입니다. 그런데 그렇게 가까운 친구도 형제는 될 수 없습니다. 부모가 다르기 때문입니다. 목숨을 함께 나눈 동지도 있습니다. 그러나 그렇게 귀한 동지도 혈연으로 맺어진 형제는 될 수가 없습니다.

피를 나누었다는 말 속에는 세상의 무엇으로도 바꿀 수 없는 깊은 의미가 담겨 있습니다. 예수님을 믿고 구원받은 하나님의 백성들은 예수님의 보혈로 맺어진 영적 가족입니다. 우리 모두는 예수 그리스도 때문에 하나님을 아버지라 부르는 영적 형제자매로 거듭난 것입니다.

오늘 본문은 예수님의 피로 형제와 자매가 된 영가족의 진정한 의미를 보여주고 있습니다. 말씀 속에서 복음으로 영적 가족이 된 사람들이 내게 얼마나 소중한지 깨닫고, 그들을 통해 세상이 줄 수 없는 하늘의 위로를 누리며, 맡겨진 사명을 누수 없이 감당하는 삶에 눈뜨기를 바랍니다.

말씀의 씨를 뿌리며

1. 바울은 헬라(그리스) 지역에서 3개월간 사역한 후에 배를 타고 수리아로 가서 복음을 전하려고 했습니다. 그러나 유대인들이 자기를 해치려고 공모했음을 알고는 육로로 마게도냐를 거쳐서 가게 되었습니다. 이때 바울과 동행한 사람들은 누구입니까?

· 4절

2. 바울의 선교 사역은 곁에서 함께 동역하며 헌신을 아끼지 않았던 신앙의 동지들이 있었기에 가능했습니다. 사도행전을 기록한 누가 역시 이 사실을 깊이 체감하고 있었음이 분명합니다. 5절부터 8절까지 반복되는 단어를 통해서 신앙생활은 혼자가 아니라 함께하는 것임을 확인해보세요.

· 5-8절

3. 교회에서 복음적 팀워크를 이루는 중요한 의식이 성찬과 애찬입니다. 신앙 공동체로 함께 모인 초대교회 성도들은 그들의 복음적 팀워크를 어떻게 세우고 있습니까?

• 7절

4. 신앙의 길을 함께하는 믿음의 동지를 통해 우리의 신앙적 결속이 튼실해집니다. 성찬을 통해 영적인 가족임을 확인하며, 애찬을 통해 형제 의식이 굳게 세워집니다. 반면에 교회 내에서 신앙적 팀워크를 깨뜨리고 방해하는 요소도 있습니다. 이를 상징적으로 보여주는 사건을 본문에서 찾아 이야기해보세요.

• 9절

5. 주님의 살과 피를 기념하는 성경적인 성찬은 교회의 결속과 영가족 사이의 관계를 깊게 하는 중요한 예식입니다. 이것이 다락방과 같은 모임에서 어떻게 구현되어야 하는지를 생각해보고, 이를 위해서 당신이 해야 할 결심과 실천을 나눠보세요.

(참고. 행 2:46; 고전 11:33; 14:26)

6. 다음 글을 읽고 참된 성찬은 성도들을 사랑으로 하나 되게 한다는 사실을 묵상해보세요.

성경적인 성찬은 홀로가 아닌 함께 드리는 의식입니다. 성찬의 가장 중요한 본문 중 하나인 고린도전서 11장 23-26절을 보면, 바울은 편지를 받는 고린도 교인들에게 "너"라는 단수가 아닌 "너희"라는 복수를 사용하고 있습니다. 이것은 성찬이 개인적 경건 의식이 아니라 철저하게 공동체적 의식임을 보여주고 있습니다. 이러한 공동체적 의식을 갖는 첫 번째 목표는 우리의 믿음과 예수 그리스도와의 연합을 강화하는 것이지만, 성도 간의 수평적인 차원의 연합을 강화하는 것도 그에 못지않게 중요합니다.

칼빈은 그의 첫 번째 소요리 문답에서 이렇게 적고 있습니다. "그리스도께서는 우리를 위해 자신을 내어주셔서 본보기가 되심으로 우리가 서로에게 자신을 주겠다고 맹세하도록 초대하실 뿐 아니라, 모든 사람에게 자신을 공통되게 만드시고 자신 안에서 모든 사람을 하나로 만드셨다. 우리 사이에 상호적인 사랑을 불러일으키도록 하는 데 이것보다 더 예리한 자극제는 있을 수 없다." 칼빈에게 성찬은 성도를 하나 되게 하고, 서로 사랑을 불러일으켜 깊게 하고 단단히 하는 거룩한 의식이었습니다.

7. 지금 당신에게 사랑의 팀워크를 방해하는 것은 없는지 다음의 질문을 스스로에게 던져보세요. 첫째, 말씀에 대한 갈증이 있습니까? 둘째, 따뜻한 위로와 권면이 있습니까? 셋째, 형제와 함께 떡을 떼는 시간이 있습니까? 넷째, 영적으로 깨어 있습니까? 질문에 답해 본 다음, 당신이 더욱 채워야 할 것은 무엇이며 결단하고 버려야 할 것은 무엇인지 나눠보세요.

 삶의 열매를 거두며

십자가에서 흘린 보혈로 우리를 영적인 형제요 자매로 삼으신 하나님의 사랑은 세상의 그 무엇으로도 끊을 수 없습니다. 그러므로 우리에게는 거룩한 형제애가 있습니다. 이 형제애가 복음의 팀워크를 이루고, 하나님의 사명을 이루게 할 것입니다. 나와 함께하는 영적 형제자매들을 더욱 귀하게 여길 수 있도록 마음을 다지고, 혹시나 사랑의 팀워크를 이루는 데 걸림돌이 있다면 하나님께서 제거해주시도록 기도를 드립시다.

Lesson **14**

신앙의 핵심 주제

사도행전 20:17-21

17 바울이 밀레도에서 사람을 에베소로 보내어 교회 장로들을 청하니

18 오매 그들에게 말하되 아시아에 들어온 첫날부터 지금까지 내가 항상 여러분 가운데서 어떻게 행하였는지를 여러분도 아는 바니

19 곧 모든 겸손과 눈물이며 유대인의 간계로 말미암아 당한 시험을 참고 주를 섬긴 것과

20 유익한 것은 무엇이든지 공중 앞에서나 각 집에서나 거리낌이 없이 여러분에게 전하여 가르치고

21 유대인과 헬라인들에게 하나님께 대한 회개와 우리 주 예수 그리스도께 대한 믿음을 증언한 것이라

 # 마음의 문을 열며

누구에게나 현재의 삶을 살게 하는 동기가 있습니다. 비록 매일 반복되는 일상일지라도 나름의 꿈과 희망이 있기에 하루하루를 살아가는 것입니다. 그것이 세상적 쾌락이든 거룩한 사명이든 간에 삶을 살게 하는 동기가 없으면 하루도 살 수가 없습니다. 그것이 사라지는 순간, 자신이 삶의 벼랑 끝에 서 있음을 깨달을 것이며, 이런 이유로 위험한 선택을 하는 경우도 적지 않습니다.

그렇다면 신앙인으로서 당신이 붙들고 있는 삶의 동기는 무엇입니까? 지금 그것을 인식하며 살고 있습니까? 이것은 당신이 신앙인으로서 바른 궤도 위에 있는지 알게 하는 중요한 질문입니다. 오랫동안 교회생활을 하지만, 정말 중요한 일에는 한 걸음도 내딛지 못한 채 곁가지처럼 살아가는 사람이 있기 때문입니다.

말씀 속에서 어떻게 사는 것이 진정한 신앙인의 삶인지, 그렇게 사는 것이 왜 그처럼 중요한지를 배우며, 신앙인으로서 내 가슴을 다시 뛰게 하는 삶의 열망을 회복하는 시간이 되기를 바랍니다.

말씀의 씨를 뿌리며

1. 바울은 에베소 교회의 장로들에게 고별 설교를 하고 있습니다. 먼저는 자신을 간절한 마음으로 변호합니다. 그의 비장함과 눈물, 겸손, 애정 어린 마음을 동시에 느낄 수가 있습니다. 바울이 어떻게 사역을 했는지 찾아보고, 바울이 이렇게 자신의 심정을 자세하게 언급한 이유가 무엇이라고 생각하는지 나눠보세요.

   • 18-20절

   ....

2. 바울은 자신의 사역과 전도를 통해서 전했던 신앙의 핵심 주제를 두 가지로 압축해서 이야기하고 있습니다. 그것이 무엇인지 말해보세요.

   • 21절

   ....

3. 오늘날 '회개'라는 단어는 본래의 의미가 많이 퇴색되어버렸습니다. 여기에는 마귀의 전략이 숨겨져 있습니다. 마치 '교회'나 '성령'처럼 기독교의 본질을 나타내는 단어들이 왜곡되고 변질되어 사용되는 것과 같습니다. 성경에서 말하는 회개의 본뜻을 다음 구절들을 참고하여 정리해보세요.

   • 마 12:41

   ....

   • 눅 3:8

   ....

• 고후 7:10

• 갈 5:24

4. 바울이 유대인과 헬라인들에게 증거했던 "그리스도께 대한 믿음"의 내용은 무엇입니까? 성경에서 말하는 참된 믿음을 다음 구절들을 참고하여 정리해보세요.

• 히 11:7

• 히 11:24-26

5. 회개는 신앙의 목적을 위하여 삶의 방식을 바꾸는 것이며, 합당한 열매를 맺는 것이며, 죄에서 떠나 하나님께로 돌아서는 것입니다. 참된 믿음은 노아처럼 하나님의 말씀에 충성하는 것이며, 모세처럼 어떤 경우에도 하나님을 선택하는 것입니다. 이 정의에 비춰볼 때 지금 자신의 삶에서 회복되어야 할 회개와 믿음은 무엇인지 생각해보세요.

6. 다음 글을 읽고 참된 신앙으로 가는 가장 중요한 첫걸음인 회개의 의미를 생각해봅시다.

> 많은 사람이 회개에 대해서 오해를 합니다. 회개를 단지 후회나 자기반성 혹은 양심의 가책 정도로 생각하는 것입니다. 양심의 가책을 느껴 자신이 잘못했다는 것을 깨달은 뒤 후회하며 반성을 한다고 해도 이것은 회개가 아닙니다. 왜냐하면 회개는 자기 자신에 대한 것이 아니라, 하나님에 대한 것이기 때문입니다. 아무리 반성하고, 심지어 돌이킨다고 해도 그것은 신앙적인 면에서 회개일 수 없습니다.
>
> 그러면 양심의 가책과 회개의 차이는 무엇일까요? 양심의 가책은 하나님을 피합니다. 반면에 회개는 하나님을 가까이합니다. 이러한 차이를 깨닫는 것은 신앙생활에서 참으로 중요합니다. 예를 들면, 아담과 하와는 죄를 짓고 하나님의 낯을 피하여 숨었습니다. 자신이 죄를 지은 것을 깨닫고 양심의 가책을 느낀 것입니다. 자신의 죄를 잊고 싶고, 도망가고 싶어 했습니다. 그러나 이것은 회개가 아닙니다. 기독교의 회개는 독특한 성격을 가지고 있습니다. 죄를 지은 사람이 죄를 지은 대상을 간절히 찾는 것입니다. 로이드 존스 목사님은 이것을 회개의 특이한 역설이라고 했습니다. "회개하지 않는 자는 하나님을 피한다. 그러나 회개하는 자는 감히 하나님께 얼굴조차 들 수 없지만, 하나님을 찾는 사람이다."

7. 신앙의 핵심 기초는 회개와 믿음입니다. 신앙의 복음적 토대인 회개와 믿음이 확실하면 인생의 폭풍우 속에서도 길을 잃지 않고, 반석 위에 신앙의 집을 튼실히 지을 수 있습니다. 오늘의 현실에서 참된 회개와 믿음을 방해하는 것들이 무엇인지 찾아보고, 바른 회개와 믿음 생활을 위한 당신의 결심을 나눠보세요.

 **삶의 열매를 거두며**

흔들리는 세상 속에서 내 삶의 중심을 붙잡고 사는 비결이 있다면, 바울 사도처럼 신앙의 핵심 주제인 회개와 믿음을 한결같이 가슴에 품고 사는 것입니다. 너무도 위협적이고, 너무도 유혹적인 세상 속에서 변치 않고 사는 것은 쉬운 일이 아닙니다. 우리의 마음이 강퍅해지지 않도록, 그리하여 늘 하나님께 회개하는 영을 잃지 않고 어떤 상황 속에서도 예수님을 믿는 믿음으로 살 수 있도록 성령께서 우리의 연약함을 돌아보시고 도와주시기를 기도합시다.

Lesson 15

주는 자의 복

 사도행전 20:31-38

31 그러므로 여러분이 일깨어 내가 삼 년이나 밤낮 쉬지 않고 눈물로 각 사람을 훈계하던 것을 기억하라

32 지금 내가 여러분을 주와 및 그 은혜의 말씀에 부탁하노니 그 말씀이 여러분을 능히 든든히 세우사 거룩하게 하심을 입은 모든 자 가운데 기업이 있게 하시리라

33 내가 아무의 은이나 금이나 의복을 탐하지 아니하였고

34 여러분이 아는 바와 같이 이 손으로 나와 내 동행들이 쓰는 것을 충당하여

35 범사에 여러분에게 모본을 보여준 바와 같이 수고하여 약한 사람들을 돕고 또 주 예수께서 친히 말씀하신 바 주는 것이 받는 것보다 복이 있다 하심을 기억하여야 할지니라

36 이 말을 한 후 무릎을 꿇고 그 모든 사람들과 함께 기도하니

37 다 크게 울며 바울의 목을 안고 입을 맞추고

38 다시 그 얼굴을 보지 못하리라 한 말로 말미암아 더욱 근심하고 배에까지 그를 전송하니라

108 ● 사도행전 2

 **마음의 문을 열며**

우리는 하나님의 창조물로 지어졌습니다. 피조물인 인간은 하나님께로부터 인정받을 때 가장 귀한 삶을 살 수 있습니다. 그런데 아담의 죄성을 이어받은 후 인간은 하나님이 아닌 사람으로부터 인정을 받으려는 본능을 가지게 되었습니다. 그래서 사람들의 주목을 받는 것으로 자신의 존재감을 누리고, 자기를 과시할 기회를 얻고 싶어 하며, 그러지 못하면 상처를 받는 것이 현대인의 모습입니다.

오늘 말씀을 통해서 어떻게 '주는 것'이 '받는 것'보다 복이 있으며, 주는 것이 자기 부인이라는 복음의 신비와 잇닿아 있는지, 또 이를 통해서 세상의 인정을 받지 못해 상처받은 마음이 어떻게 치유되고 회복될 수 있는지 배울 수 있기를 바랍니다.

 ## 말씀의 씨를 뿌리며

1. 오늘 본문은 사도행전에서 거의 유일하게 이미 예수님을 믿는 사람들을 위한 메시지입니다. 특별히 31절은 바울 사도가 어떻게 에베소 교회와 성도들을 섬겼는지 읽을 때마다 마음이 뜨거워지는 구절입니다. 교회와 성도를 위하여 자기를 아끼지 않았던 바울의 수고와 헌신을 말해보세요.

   • 31절

2. 바울은 양 떼의 건강, 양 떼의 영적 상태, 양 떼의 마지막 생명까지 자신의 책임으로 생각했고, 밤낮으로 애를 태우는 목자의 심정으로 섬겼습니다. 바울이 이렇게까지 자신의 권리를 포기하면서 자신의 전부를 줄 수 있었던 이유는 무엇입니까?

   • 33절

   • 35절

   • 고후 8:9

3. 바울 사도가 자신을 아낌없이 양 떼를 위해서 줄 수 있었던 이유는 예수님께서 그렇게 하셨기 때문입니다. 바울은 성부 하나님께서

우리를 위해 아들을 주심과 성자 예수님께서 우리를 위해 자신을 내어주셨던 것을 기억했습니다. 성경은 하나님의 '자기 주심'(God's Self Giving)을 어떻게 표현하고 있습니까?

• 요 3:16

....

....

• 롬 8:32

....

....

4. 성경은 주는 자가 받는 자보다 복되다고 말씀합니다. 이런 점에서 왜 예수님께서 바리새인을 그토록 싫어하셨는지 살펴보고, 왜 주는 것이 받는 것보다 복된 것인지 자신의 말로 풀어서 설명해보세요.

• 마 23:6-7

....

....

....

5. 옛 자아는 받는 것이 본성이요, 예수님을 믿고 얻은 새 자아는 주는 것이 본성입니다. 왜냐하면 죄성을 가진 옛 자아는 자기중심적이지 만, 새 자아는 베풂의 원천이신 예수님이 중심이기 때문에 인색할 수 없습니다. 만약 예수님을 믿은 이후에도 내 안에 주는 것보다 받는 것을 더 좋아하는 모습이 있다면 그 이유는 무엇인지 생각해보고, 어떻게 하면 주는 기쁨을 누릴 수 있는지 말해보세요.

....

....

6. 다음 글을 읽고 왜 그리스도인은 받는 것보다 주는 것을 선택해야 하는지 묵상해보세요.

> "우리 주 예수 그리스도의 은혜를 너희가 알거니와 부요하신 이로서 너희를 위하여 가난하게 되심은 그의 가난함으로 말미암아 너희를 부요하게 하려 하심이라"(고후 8:9). 이 구절은 예수님이야말로 베푸심의 원천이라고 말씀합니다. 또한 예수님께서는 우리에게 '부의 전가'의 진리를 말씀하고 계십니다. 남을 부요케 하는 것은 단지 지갑에 있는 얼마를 주는 것이 아니라, 우리를 부요하게 하기 위해 예수님께서 가난하게 되셨듯이, 우리가 가난한 쪽으로 몸을 기울일 때 비로소 받는 자가 부요하게 됨을 말합니다. 이것이 부의 전가라고 할 수 있습니다. 내가 가난해지기로 선택할 때에만 비로소 받는 자가 부요해질 수 있는 것입니다. 그리스도인은 동정의 수단이 아니라, 받는 자를 부요하게 하기 위해서 베풀어야 합니다.
> 고든 맥도날드 목사님은 "베푸는 삶이란 지갑의 척도가 아니라 영혼의 척도"라고 말합니다. "이상하게도 성품을 테스트하기에 가장 좋은 시기는 만사가 형통하고 지갑이 두둑할 때입니다. 왜냐하면 물질적 풍요와 영적인 부요를 위한 결단 사이에서 갈등하다가 사람의 성품, 영혼의 자질에 위기가 닥치는 시기이기 때문입니다."

7. 하나님은 가장 먼저 주시는 분이며, 한없이 베푸시는 분입니다. 성부는 성자를 주시고, 성부와 성자는 성령을 우리에게 주셨습니다. 이것이 구원의 역사이자 창조와 구속의 역사입니다. 이는 우리가 하나님의 사랑으로 베푸는 것이 하나님의 구속 역사에 동참하는 일임을 의미합니다. 내 주변에 베풂이 필요한 곳을 찾아보고 작은 실천 계획을 말해보세요.

 **삶의 열매를 거두며**

신학적으로 주는 것은 종말론적인 개념입니다. 주님의 재림을 준비하는 최고의 방법 중 하나는 주는 것입니다. 목회적으로는 주고, 나누고, 베푸는 것을 통하여 교우들이 성숙해지고 교회가 교회답게 되는 것입니다. 목회적 신비에 눈을 뜨면 주고 나누고 베풂으로 말미암아 유형교회는 물론, 보이지 않는 무형교회인 우리 자신이 영적으로 정화될 수 있습니다. 윤리적인 차원을 뛰어넘어 예수 그리스도의 심정을 깨닫고 바울처럼 목자의 심정을 가질 수 있도록, 또한 주는 자가 받는 자보다 복이 있다는 말씀이 우리의 삶에 그대로 적용되며 그렇게 실천할 수 있도록 결심하는 기도를 올려드립시다.

주님의 뜻 분별

사도행전 21:7-32

7 두로를 떠나 항해를 다 마치고 돌레마이에 이르러 형제들에게 안부를 묻고 그들과 함께 하루를 있다가

8 이튿날 떠나 가이사랴에 이르러 일곱 집사 중 하나인 전도자 빌립의 집에 들어가서 머무르니라

9 그에게 딸 넷이 있으니 처녀로 예언하는 자라

10 여러 날 머물러 있더니 아가보라 하는 한 선지자가 유대로부터 내려와

11 우리에게 와서 바울의 띠를 가져다가 자기 수족을 잡아매고 말하기를 성령이 말씀하시되 예루살렘에서 유대인들이 이같이 이 띠 임자를 결박하여 이방인의 손에 넘겨주리라 하거늘

12 우리가 그 말을 듣고 그곳 사람들과 더불어 바울에게 예루살렘으로 올라가지 말라 권하니

13 바울이 대답하되 여러분이 어찌하여 울어 내 마음을 상하게 하느냐 나는 주 예수의 이름을 위하여 결박 당할 뿐 아니라 예루살렘에서 죽을 것도 각오하였노라 하니

14 그가 권함을 받지 아니하므로 우리가 주의 뜻대로 이루어지이다 하고 그쳤노라

15 이 여러 날 후에 여장을 꾸려 예루살렘으로 올라갈새

16 가이사랴의 몇 제자가 함께 가며 한 오랜 제자 구브로 사람 나손을 데리고 가니 이는 우리가 그의 집에 머물려 함이라

17 예루살렘에 이르니 형제들이 우리를 기꺼이 영접하거늘

18 그 이튿날 바울이 우리와 함께 야고보에게로 들어가니 장로들도 다 있더라

19 바울이 문안하고 하나님이 자기의 사역으로 말미암아 이방 가운데서 하신 일을 낱낱이 말하니

20 그들이 듣고 하나님께 영광을 돌리고 바울더러 이르되 형제여 그대도 보는 바에 유대인 중에 믿는 자 수만 명이 있으니 다 율법에 열성을 가진 자라

21 네가 이방에 있는 모든 유대인을 가르치되 모세를 배반하고 아들들에게 할례를 행하지 말고 또 관습을 지키지 말라 한다 함을 그들이 들었도다

22 그러면 어찌할꼬 그들이 필연 그대가 온 것을 들으리니

23 우리가 말하는 이대로 하라 서원한 네 사람이 우리에게 있으니

24 그들을 데리고 함께 결례를 행하고 그들을 위하여 비용을 내어 머리를 깎게 하라 그러면 모든 사람이 그대에 대하여 들은 것이 사실이 아니고 그대도 율법을 지켜 행하는 줄로 알 것이라

25 주를 믿는 이방인에게는 우리가 우상의 제물과 피와 목매어 죽인 것과 음행을 피할 것을 결의하고 편지하였느니라 하니

26 바울이 이 사람들을 데리고 이튿날 그들과 함께 결례를 행하고 성전에 들어가서 각 사람을 위하여 제사 드릴 때까지의 결례 기간이 만기된 것을 신고하니라

27 그 이레가 거의 차매 아시아로부터 온 유대인들이 성전에서 바울을 보고 모든 무리를 충동하여 그를 붙들고

28 외치되 이스라엘 사람들아 도우라 이 사람은 각처에서 우리 백성과 율법과 이곳을 비방하여 모든 사람을 가르치는 그 자인데 또 헬라인을 데리고 성전에 들어가서 이 거룩한 곳을 더럽혔다 하니

29 이는 그들이 전에 에베소 사람 드로비모가 바울과 함께 시내에 있음을 보고 바울이 그를 성전에 데리고 들어간 줄로 생각함이러라

30 온 성이 소동하여 백성이 달려와 모여 바울을 잡아 성전 밖으로 끌고 나가니 문들이 곧 닫히더라

31 그들이 그를 죽이려 할 때에 온 예루살렘이 요란하다는 소문이 군대의 천부장에게 들리매

32 그가 급히 군인들과 백부장들을 거느리고 달려 내려가니 그들이 천부장과 군인들을 보고 바울 치기를 그치는지라

 ## 마음의 문을 열며

오늘날 우리는 존재보다는 인식을, 인식보다는 의미를 중시하는 포스트모더니즘의 시대를 살고 있습니다. '그것이 진리인가 아닌가'보다는 '그것이 내게 얼마나 의미가 있는가'를 더 중시합니다. 예수님을 절대 진리로 믿는다고 하는 신자들마저도 이러한 시대적인 중력에 적지 않게 휩쓸리는 지금, 무엇보다도 중요한 것은 하나님의 뜻을 올바르게 분별하는 것입니다.

하나님의 뜻을 분별하지 않고 신앙생활을 하는 것은 눈을 감고 향방 없이 달리는 것만큼이나 위험한 일이며, 하늘의 은혜를 누리지 못하고 세상적인 것으로 연명하는 수준의 초라한 인생을 사는 것과 같습니다.

말씀 속에서 하나님의 뜻을 분별하는 은총을 받아 바울이 가졌던 영안, 바울이 누렸던 용기, 바울이 보였던 능력을 받고 무엇보다 하나님 나라를 위한 바울의 불타는 열정을 보고 깨닫고 가슴에 담는 시간이 되기를 바랍니다.

말씀의 씨를 뿌리며

1. 예루살렘으로 올라가지 말라는 권면에 대해서 바울 사도는 어떻게 반응하고 있습니까?

• 13절

....

....

....

2. 바울 사도에게 예루살렘으로 올라가지 말라고 권면했던 사람들은 바울을 아끼는 이들이었습니다. 성경은 그들이 성령의 감동으로 바울에게 예루살렘으로 가지 않기를 권했다고 표현합니다. 하지만 성경을 큰 그림으로 보면 이들의 판단이 잘못되었음을 알 수 있습니다. 이들에게는 어떤 문제가 있습니까? 고난과 하나님의 뜻을 연관해서 생각해보세요. (참고. 마 16:22-23)

• 행 21:4

....

....

....

....

....

3. 바울은 하나님의 일을 위해 목숨 걸고 예루살렘으로 올라갔습니다. 그런데 바울을 기다렸던 것은 자신에 대한 거짓 소문이었습니다. 거짓 소문의 내용을 살피고, 사실과 다른 점이 무엇인지 말해 보세요. (참고. 롬 7:12; 고전 7:18-19)

• 21절

4. 예루살렘 교회가 바울에 대해 그러했던 것처럼, 오늘날의 교회 안에서도 거짓 소문이 있고 또 이를 퍼뜨리는 사람들도 있을 수 있습니다. 이런 거짓 소문이 문제가 되는 이유는 무엇입니까?

• 30절

• 출 23:1

• 잠 25:23

• 딤후 2:15

5. 우리가 거짓 소문에 휩쓸려 하나님의 뜻을 분별하는 일에 둔감하지 않기 위해서 지켜야 할 몇 가지 기준이 있습니다. "첫째, 성경의 진리에 어긋나는 소문은 거절하라. 둘째, 사람을 살리지 않는 소문은 거절하라. 셋째, 주님의 몸 된 공동체를 파괴하는 소문은 거절하라. 넷째, 남의 잘못과 죄는 확대하면서 하나님의 용서와 은혜를 축소하는 소문은 거절하라." 위의 네 가지 중 무엇이 가장 문제를 만들까요? 이를 위해 당신은 무엇을 할 수 있습니까?

6. 다음 글을 읽고 거짓된 세상에서 하나님의 뜻을 분별하는 법을 묵상해보세요.

"90퍼센트는 진리이고 10퍼센트는 거짓인 것과 10퍼센트는 진리이고 90퍼센트는 거짓인 것 중에서 무엇이 더 위험합니까?" 이것은 복음주의 선교단체로 선한 영향력을 끼친 네비게이토의 창시자 도슨 트로트맨이 영적 분별력이 얼마나 중요한지를 깨우치기 위해서 던졌던 질문입니다. 90퍼센트는 거짓이고 10퍼센트는 진리인 것보다 90퍼센트는 진리이고 10퍼센트는 거짓인 것이 훨씬 더 위험합니다. 왜냐하면 전자는 누구나 거짓임을 인지할 수 있지만, 후자는 무엇이 잘못된 것인지 분별하기가 어렵기 때문입니다.

그렇다면 우리가 듣는 수없이 많은 말 중에서 거짓과 진리를 어떻게 구분할 수 있을까요? 너무도 매끄럽게 들려서 귀를 매혹시키고, 생각을 사로잡는 말 중에서 진리와 거짓을 구분하는 분별력을 어떻게 가질 수 있을까요? 또 표면적으로는 맞지만 그 밑바닥은 호시탐탐 마음을 마비시키는 독사의 혀가 웅크리고 있는 말을 어떻게 분별할 수 있을까요? 어떤 말을 들을 때, 네 가지 질문을 해보는 것입니다. 아무리 이성적으로 그럴듯하더라도, 그 말이나 글을 통해서 "하나님을 더 사랑하게 되는가? 복음을 더 사랑하게 되는가? 교회를 더 사랑하게 되는가? 사람을 더 사랑하게 되는가?"를 생각해본다면, 거짓과 진리를 올바르게 분별할 수 있을 것입니다.

7. 바울서신 전체를 큰 그림으로 보면, 바울이 하나님의 뜻을 분별하고 실천하는 기준은 첫째, "복음을 전하는 기회인가?" 둘째, "생명을 얻는 기회인가?"라는 질문이었습니다. 이를 위해 바울은 "내가 모든 사람에게서 자유로우나 스스로 모든 사람에게 종이 된 것은 더 많은 사람을 얻고자 함이라"(고전 9:19)라고 말했습니다. 하나님의 뜻을 분별하는 바울 사도의 기준은 오늘날 우리에게도 적용될 수 있습니다. 언제 어디서라도 어떤 경우라도 복음으로 생명을 구하는 이 일을 최우선순위로 실천하기 위해 어떤 결심을 했는지 말해보세요.

 **삶의 열매를 거두며**

하나님의 뜻을 분별하지 못하면 결국은 내 마음대로 살 수밖에 없습니다. 언젠가는 먼지처럼 사라질 세상의 온갖 난리와 소문에 귀를 기울이며 사는 것이 아니라, 영원불멸하는 하나님의 뜻에 순종하며 사는 것이 한 번뿐인 인생을 가장 복되게 사는 비결입니다. 유혹적이고 소란스러운 세상의 수많은 소리 가운데서 하나님의 음성을 듣고 분별할 수 있는 귀와 눈을 주시도록 그리고 내게 주시는 하나님의 뜻을 세상의 이해관계를 떠나서 그대로 실천할 수 있는 결단력을 주시도록 기도를 드립시다.

신앙고백

Lesson **17**

사도행전 22:3-23

3 나는 유대인으로 길리기아 다소에서 났고 이 성에서 자라 가말리엘의 문하에서 우리 조상들의 율법의 엄한 교훈을 받았고 오늘 너희 모든 사람처럼 하나님께 대하여 열심이 있는 자라

4 내가 이 도를 박해하여 사람을 죽이기까지 하고 남녀를 결박하여 옥에 넘겼노니

5 이에 대제사장과 모든 장로들이 내 증인이라 또 내가 그들에게서 다메섹 형제들에게 가는 공문을 받아 가지고 거기 있는 자들도 결박하여 예루살렘으로 끌어다가 형벌 받게 하려고 가더니

6 가는 중 다메섹에 가까이 갔을 때에 오정쯤 되어 홀연히 하늘로부터 큰 빛이 나를 둘러 비치매

7 내가 땅에 엎드러져 들으니 소리 있어 이르되 사울아 사울아 네가 왜 나를 박해하느냐 하시거늘

8 내가 대답하되 주님 누구시니이까 하니 이르시되 나는 네가 박해하는 나사렛 예수라 하시더라

9 나와 함께 있는 사람들이 빛은 보면서도 나에게 말씀하시는 이의 소리는 듣지 못하더라

10 내가 이르되 주님 무엇을 하리이까 주께서 이르시되 일어나 다메섹으로 들어가라 네가 해야 할 모든 것을 거기서 누가 이르리라 하시거늘

11 나는 그 빛의 광채로 말미암아 볼 수 없게 되었으므로 나와 함께 있는 사람들의 손에 끌려 다메섹에 들어갔노라

12 율법에 따라 경건한 사람으로 거기 사는 모든 유대인들에게 칭찬을 듣는 아나니아라 하는 이가

13 내게 와 곁에 서서 말하되 형제 사울아 다시 보라 하거늘 즉시 그를 쳐다보았노라

14 그가 또 이르되 우리 조상들의 하나님이 너를 택하여 너로 하여금 자기 뜻을 알게 하시며 그 의인을 보게 하시고 그 입에서 나오는 음성을 듣게 하셨으니

15 네가 그를 위하여 모든 사람 앞에서 네가 보고 들은 것에 증인이 되리라

16 이제는 왜 주저하느냐 일어나 주의 이름을 불러 세례를 받고 너의 죄를 씻으라 하더라

17 후에 내가 예루살렘으로 돌아와서 성전에서 기도할 때에 황홀한 중에

18 보매 주께서 내게 말씀하시되 속히 예루살렘에서 나가라 그들은 네가 내게 대하여 증언하는 말을 듣지 아니하리라 하시거늘

19 내가 말하기를 주님 내가 주를 믿는 사람들을 가두고 또 각 회당에서 때리고

20 또 주의 증인 스데반이 피를 흘릴 때에 내가 곁에 서서 찬성하고 그 죽이는 사람들의 옷을 지킨 줄 그들도 아나이다

21 나더러 또 이르시되 떠나가라 내가 너를 멀리 이방인에게로 보내리라 하셨느니라

22 이 말하는 것까지 그들이 듣다가 소리 질러 이르되 이러한 자는 세상에서 없애버리자 살려둘 자가 아니라 하여

23 떠들며 옷을 벗어 던지고 티끌을 공중에 날리니

 # 마음의 문을 열며

예수님을 구주로 고백하는 그리스도인들은 삶으로 자신의 신앙을 고백하는 사람들이라고 할 수 있습니다. 하지만 교회에서는 믿는 자로 행세하지만, 세상 속에서는 성도로서의 정체성을 숨기며 사는 이들도 있습니다. 여기에는 여러 가지 이유가 있을 것입니다. 그러나 그리스도인은 어떤 경우에도 이 땅에서 신앙고백적 삶을 살아야 합니다.

오늘 본문은 바울이라는 인물을 통해 이 땅에서 신앙고백적 삶을 사는 사람의 모습을 보여줍니다. 지금 바울 사도는 세상의 눈으로 볼 때 초라하기 그지없는 모습입니다. 두 손에는 쇠사슬을 차고 있으며, 옷은 찢겼고, 온몸은 폭행을 당하여 피투성이가 되었습니다. 그러나 세상 사람들이 볼 때에는 비참하고 초라했을지 몰라도 바울에게는 범접할 수 없는 영적 권세가 있었습니다. 그 영적 권세는 세상이 준 것이 아니라, 하나님께서 함께하심으로 주어진 것이었습니다.

오늘 말씀 속에서 우리의 겉모습이 어떠하든 하나님께서 함께하심으로 주어지는 영적 권세의 실체를 확인하고, 우리의 일상에서 드러나는 능력을 확보하는 시간이 되기를 바랍니다.

🌱 말씀의 씨를 뿌리며

1. 바울 사도의 가장 큰 소원 중 하나는 동족이 복음을 듣고 구원을 받는 것이었습니다. 그런데 바울이 그토록 복음을 전하려고 했던 유대인들은 정작 바울에게 어떻게 행하고 있습니까?

• 행 21:30-31

....

....

....

• 22절

....

....

....

2. 바울은 자신을 무차별적으로 때리며 지금도 죽이라고 소리치는 유대인들 앞에서도 복음을 전할 수 있는 기회를 놓치지 않고 자신이 예수님을 믿게 된 경위와 과정을 간증하고 있습니다. 바울이 예수님을 믿기 전에는 어떤 모습이었는지 말해보세요.

• 3-5절

....

....

....

....

3. 예수 믿는 사람을 잡아다가 심지어 죽이기까지 하던 바울이 예수님을 만나서 회심한 일은 기독교 역사는 물론 인류사에서도 놀라운 사건입니다. 바울이 예수님을 믿게 된 과정을 설명해보세요.

• 6-8절

4. 바울 사도가 다메섹에서 예수님을 만난 후 예루살렘 성전에서 기도하는 가운데, 예수님께 받은 필생의 사명은 무엇입니까?

• 21절

5. 바울의 신앙고백에는 예수님을 믿기 전의 상태, 예수님을 믿게 된 과정 그리고 예수님을 믿은 후의 변화가 담겨 있습니다(빌 3:7-8). 우리에게도 반드시 이런 신앙고백이 필요합니다. 당신이 예수님을 믿기 전의 상태, 예수님을 믿게 된 과정 그리고 믿은 후의 변화를 이야기해보세요.

6. 다음 글을 읽고 모든 그리스도인에게는 분명한 신앙고백이 있어야 한다는 사실과 그 중요성에 대해 묵상해보세요.

신앙고백이 왜 중요할까요? 신앙고백은 행동하는 믿음이라고 할 수 있습니다. 우리가 예수님이 구세주라고 믿는 것과 그것을 행동으로 옮기는 것은 같지 않습니다. 예수님을 주로 고백하는 간증의 중요성은 성경에서 분명하게 보여주고 있습니다. 요한복음 4장에 등장하는 사마리아 여인을 보십시오. 과거에 그 여인은 실패한 삶을 살았습니다. 자신의 삶이 부끄러워 스스로 사람들과 거리를 두고 살았던 여인이었습니다. 그런데 그 여인이 예수님을 만나서 바뀌었습니다. 그 여인의 간증으로 인해 마을 전체가 예수님께 나아오는 역사가 일어났습니다. 이처럼 예수님을 만나고 변화된 자의 생생한 목소리는 엄청난 힘이 있습니다.

누군가 예수님을 믿는 이유를 물을 때에 대답할 준비가 되어 있는 것이 왜 중요할까요? 기독교 변증학의 대가인 알리스터 맥그래스는 이때가 기독교 신앙의 보물상자를 열어젖힐 절호의 기회라고 말합니다. "구슬이 서 말이라도 꿰어야 보배"라는 속담이 있습니다. 우리 속에 계시는 예수님이 아무리 좋아도 그 사실을 준비된 신앙고백으로 전하지 못한다면, 믿지 않는 사람들에게 '기독교 신앙의 실체와 신빙성과 적합성'을 제대로 전할 수 없을 것입니다.

7. 우리의 신앙고백에는 두 가지가 있습니다. 입술로 하는 고백과 삶으로 하는 고백입니다. 신앙고백은 "내가" 받은 은혜를 나누는 것입니다. 이것이 본문에 나오는 바울 사도의 간증에서 "나는"이라는 말이 17회나 등장하는 이유입니다. 누군가 당신에게 예수님을 믿는 이유를 물을 때, 나눌 만한 신앙 간증이 있습니까? 간증은 실제적이고, 개인적이고, 실천이 가능해야 합니다. 여기에 비춰 당신의 신앙고백을 적어보고 나눠보세요.

삶의 열매를 거두며

우리는 영적인 태생이 세상 사람들과 다릅니다. 그리스도인은 겉모습이
나 환경이 초라할 수는 있지만, 그럼에도 세상 사람들이 함부로 대할 수
없는 영적 권세를 보이고 누리며 살아야 합니다. 이런 영적 권세를 누리
는 자는 비록 환난 중에라도 신앙의 형제를 위로하는 삶을 살 수 있습니
다. 자신의 남은 생애 동안 형편과 처지가 어떠하든지 바울처럼 영적인
담대함을 가지고, 다른 형제들을 위로하는 삶을 살 것을 결심하며 이를
위해 하나님의 도우심을 구하는 기도를 드립시다.

고난 중 보호와 위로

 사도행전 23:1-35

1 바울이 공회를 주목하여 이르되 여러분 형제들아 오늘까지 나는 범사에 양심을 따라 하나님을 섬겼노라 하거늘

2 대제사장 아나니아가 바울 곁에 서 있는 사람들에게 그 입을 치라 명하니

3 바울이 이르되 회칠한 담이여 하나님이 너를 치시리로다 네가 나를 율법대로 심판한다고 앉아서 율법을 어기고 나를 치라 하느냐 하니

4 곁에 선 사람들이 말하되 하나님의 대제사장을 네가 욕하느냐

5 바울이 이르되 형제들아 나는 그가 대제사장인 줄 알지 못하였노라 기록하였으되 너의 백성의 관리를 비방하지 말라 하였느니라 하더라

6 바울이 그중 일부는 사두개인이요 다른 일부는 바리새인인 줄 알고 공회에서 외쳐 이르되 여러분 형제들아 나는 바리새인이요 또 바리새인의 아들이라 죽은 자의 소망 곧 부활로 말미암아 내가 심문을 받노라

7 그 말을 한즉 바리새인과 사두개인 사이에 다툼이 생겨 무리가 나누어지니

8 이는 사두개인은 부활도 없고 천사도 없고 영도 없다 하고 바리새인은 다 있다 함이라

9 크게 떠들새 바리새인 편에서 몇 서기관이 일어나 다투어 이르되 우리가 이 사람을 보니 악한 것이 없도다 혹 영이나 혹 천사가 그에게 말하였으면 어찌하겠느냐 하여

10 큰 분쟁이 생기니 천부장은 바울이 그들에게 찢겨질까 하여 군인을 명하여 내려가 무리 가운데서 빼앗아 가지고 영내로 들어가라 하니라

11 그날 밤에 주께서 바울 곁에 서서 이르시되 담대하라 네가 예루살렘에서 나의 일을 증언한 것같이 로마에서도 증언하여야 하리라 하시니라

12 날이 새매 유대인들이 당을 지어 맹세하되 바울을 죽이기 전에는 먹지도 아니하고 마시지도 아니하겠다 하고

13 이같이 동맹한 자가 사십여 명이더라
14 대제사장들과 장로들에게 가서 말하되 우리가 바울을 죽이기 전에는 아무것도 먹지 않기로 굳게 맹세하였으니
15 이제 너희는 그의 사실을 더 자세히 물어보려는 척하면서 공회와 함께 천부장에게 청하여 바울을 너희에게로 데리고 내려오게 하라 우리는 그가 가까이 오기 전에 죽이기로 준비하였노라 하더니
16 바울의 생질이 그들이 매복하여 있다 함을 듣고 와서 영내에 들어가 바울에게 알린지라
17 바울이 한 백부장을 청하여 이르되 이 청년을 천부장에게로 인도하라 그에게 무슨 할 말이 있다 하니
18 천부장에게로 데리고 가서 이르되 죄수 바울이 나를 불러 이 청년이 당신께 할 말이 있다 하여 데리고 가기를 청하더이다 하매
19 천부장이 그의 손을 잡고 물러가서 조용히 묻되 내게 할 말이 무엇이냐
20 대답하되 유대인들이 공모하기를 그들이 바울에 대하여 더 자세한 것을 묻기 위함이라 하고 내일 그를 데리고 공회로 내려오기를 당신께 청하자 하였으니
21 당신은 그들의 청함을 따르지 마옵소서 그들 중에서 바울을 죽이기 전에는 먹지도 않고 마시지도 않기로 맹세한 자 사십여 명이 그를 죽이려고 숨어서 지금 다 준비하고 당신의 허락만 기다리나이다 하니
22 이에 천부장이 청년을 보내며 경계하되 이 일을 내게 알렸다고 아무에게도 이르지 말라 하고
23 백부장 둘을 불러 이르되 밤 제 삼 시에 가이사랴까지 갈 보병 이백 명과 기병 칠십 명과 창병 이백 명을 준비하라 하고
24 또 바울을 태워 총독 벨릭스에게로 무사히 보내기 위하여 짐승을 준비하라 명하며
25 또 이 아래와 같이 편지하니 일렀으되
26 글라우디오 루시아는 총독 벨릭스 각하께 문안하나이다
27 이 사람이 유대인들에게 잡혀 죽게 된 것을 내가 로마 사람인 줄 들어 알고 군대를 거느리고 가서 구원하여다가
28 유대인들이 무슨 일로 그를 고발하는지 알고자 하여 그들의 공회로 데리고 내려갔더니
29 고발하는 것이 그들의 율법 문제에 관한 것뿐이요 한 가지도 죽이거나 결박할 사유가 없음을 발견하였나이다

30 그러나 이 사람을 해하려는 간계가 있다고 누가 내게 알려주기로 곧 당신께로 보내며 또 고발하는 사람들도 당신 앞에서 그에 대하여 말하라 하였나이다 하였더라

31 보병이 명을 받은 대로 밤에 바울을 데리고 안디바드리에 이르러

32 이튿날 기병으로 바울을 호송하게 하고 영내로 돌아가니라

33 그들이 가이사랴에 들어가서 편지를 총독에게 드리고 바울을 그 앞에 세우니

34 총독이 읽고 바울더러 어느 영지 사람이냐 물어 길리기아 사람인 줄 알고

35 이르되 너를 고발하는 사람들이 오거든 네 말을 들으리라 하고 헤롯 궁에 그를 지키라 명하니라

 **마음의 문을 열며**

그 누구도 고난을 피할 수 없는 것이 현실입니다. 하지만 모두가 행복을 추구하는 이 땅에서 일부러 고난을 자초하거나 즐기는 사람은 없을 것입니다. 그래서 세상은 고난을 부정적으로 인식하며 피하려고 합니다.

그런데 성경은 고난에 대해 세상과는 다른 시각을 가지고 있습니다. 시인의 고백처럼 고난을 유익한 것으로 생각하는 것입니다 (시 119:71). 그 이유는 고난을 통해서 우리가 하나님의 뜻을 좀 더 분명히 알아가고, 그리스도의 사람으로 온전케 될 수 있기 때문입니다.

우리가 고난을 두려워하는 이유는 고난의 실체가 무엇이며, 고난의 결말이 어떠한지를 제대로 알지 못하기 때문입니다.

오늘 말씀은 고난의 실체와 하나님 안에서 고난의 결말이 어떠한지를 목도하게 합니다. 그리하여 이제부터 고난이 두려운 존재가 아니라 하나님께서 나와 함께하시는 임재의 증거임을 깨닫고, 고난을 통해 나를 하나님의 자녀로 삼으시는 아버지의 마음을 경험하는 수준까지 올라설 수 있기를 바랍니다.

말씀의 씨를 뿌리며

1. 예수님으로부터 복음 전파의 사명을 받은 바울은 언제든 어디에서든 어떤 상황에서든 사명을 목숨보다 귀하게 여기고 실천했습니다. 하지만 바울 사도를 기다리던 것은 연속되는 고난과 고통이었습니다. 바울이 처한 상황을 설명해보세요.

• 행 22:22

• 10절

• 12-14절

2. 본문은 바울의 목숨이 달린 급박한 하루를 보여주고 있습니다. 어떻게 보면 이날은 바울의 생애에서 큰 위기이자 어려웠던 때라고 말할 수 있습니다. 사랑하는 동족들로부터 격렬한 반대와 죽음의 위협을 받았고, 심지어 그들에게 몸이 찢겨질까 염려할 정도였습니다. 바울은 아마도 육체적으로, 감정적으로, 영적으로 지쳐 있었을 것입니다. 이처럼 인생의 한밤중을 지나던 바울에게 어떤 일이 일어났습니까?

• 11절

3. 하나님은 그분의 자녀가 고통에 시달리며 고난의 길을 지나고 있을 때, 여러 가지로 위로하고 힘을 주십니다. 하나님께서 주시는 위로의 특징은 무엇이며, 하나님께서 고난 속에 있는 자녀를 어떻게 위로하시는지 말해보세요. (참고. 살후 2:16; 고후 1:6; 시 119:50)

....

....

....

....

4. 불 가운데 있었던 사람만이 용광로의 고통을 알기에 형제의 상처와 아픔과 외로움과 공허함과 두려움을 위로할 수 있습니다. 당신이 경험한 고통이 형제를 위로하는 데 쓰임 받은 적이 있습니까? 그렇게 되지 못했다면 그 이유는 무엇이라고 생각합니까? (참고. 행 16:40)

....

....

....

5. 하나님의 위로 중 하나는 영가족을 통한 위로입니다. 바울은 멀리 있는 디모데를 만나는 것으로 위로를 받았고, 브리스길라와 아굴라를 만났을 때 위로를 받았습니다. 또 자신의 양 떼를 생각하는 것만으로도 힘을 얻었습니다(살전 3:8). 신앙 공동체 안에서 형제와 자매를 통해 위로를 받은 경험이 있다면 함께 나눠봅시다.

....

....

....

6. 다음 글을 읽고 어떤 경우에도 하나님께서 "내 편"이라는 사실이 내 삶에 주는 의미와, 이를 통해 내가 받는 위로는 무엇인지 묵상해보세요.

시편에서 다윗은 "하나님이 내 편"이라고 말합니다. 어떤 말로도 하나님이 내 편이라는 복된 말씀의 충분한 의미를 표현하기란 불가능합니다. 하나님은 창세전부터 "우리 편"이셨습니다. 그렇지 않다면 사랑하는 아들을 내어주지 아니하셨을 것입니다. 우리가 타락해서 멸망 가운데 있을 때에도 그분은 "우리 편"이셨습니다. 하나님은 우리가 자신을 거역하고 반항했을 때도 "우리 편"이셨습니다. 하나님은 우리가 다양한 영적 싸움을 할 때도 "우리 편"이셨습니다. 하나님이 우리 편이기 때문에 기도의 목소리는 항상 그분의 도우심을 보증합니다. "내가 아뢰는 날에 내 원수들이 물러가리니 이것으로 하나님이 내 편이심을 내가 아나이다"(시편 56:9).

하나님이 내 편이라는 의미는 우리가 지치고 고통을 겪으며 환난 가운데 있을 때도, 세상에서 의지했던 모든 버팀목들이 끊어질 때도, 세상에서 수치를 당하고 마음이 괴로울 때도 하나님의 영원하신 팔이 우리를 붙들고 있음을 의미합니다. 하나님의 영원하신 팔은 내 삶을 다하는 그날까지 나를 받쳐주실 것입니다. "그의 영원하신 팔이 네 아래에 있도다"(신 33:27).5)

7. 환란 중에 놓인 바울을 위로하신 하나님은 지금도 고통스러워하는 우리를 위로하십니다. 하나님께로부터 받은 위로를 통해 다른 형제의 아픔을 함께하고 위로하는 것은 선택이 아니라 명령입니다. 이 사실을 마음에 새기고, 어떻게 하면 당신의 고통이 당신의 상처로만 남지 않고 오히려 이웃과 형제를 위로하는 통로가 될 수 있을지 함께 나눠봅시다.

 ## 삶의 열매를 거두며

사나운 인생의 풍랑 속에서 고난의 밤을 이길 수 있는 것은 고난 속에 임재하시는 하나님의 위로 때문입니다. 살아 계신 하나님의 말씀을 통해서, 사랑하는 믿음의 형제를 통해서 주시는 그 위로가 우리를 고난 중에도 담대하게 절대 감사로 예수님을 의지하도록 이끌어주는 것입니다. 그러므로 하나님의 말씀 속에서, 믿음의 형제들과의 교제 속에서, 위로를 받고 위로를 주는 삶을 살 수 있도록 성령의 도우심을 구하는 기도를 드립시다.

기다림의 훈련

사도행전 24:1-27

1 닷새 후에 대제사장 아나니아가 어떤 장로들과 한 변호사 더둘로와 함께 내려와서 총독 앞에서 바울을 고발하니라

2 바울을 부르매 더둘로가 고발하여 이르되

3 벨릭스 각하여 우리가 당신을 힘입어 태평을 누리고 또 이 민족이 당신의 선견으로 말미암아 여러 가지로 개선된 것을 우리가 어느 모양으로나 어느 곳에서나 크게 감사하나이다

4 당신을 더 괴롭게 아니하려 하여 우리가 대강 여짜옵나니 관용하여 들으시기를 원하나이다

5 우리가 보니 이 사람은 전염병 같은 자라 천하에 흩어진 유대인을 다 소요하게 하는 자요 나사렛 이단의 우두머리라

6 그가 또 성전을 더럽게 하려 하므로 우리가 잡았사오니(6하반-8상반 없음)

8 당신이 친히 그를 심문하시면 우리가 고발하는 이 모든 일을 아실 수 있나이다 하니

9 유대인들도 이에 참가하여 이 말이 옳다 주장하니라

10 총독이 바울에게 머리로 표시하여 말하라 하니 그가 대답하되 당신이 여러 해 전부터 이 민족의 재판장 된 것을 내가 알고 내 사건에 대하여 기꺼이 변명하나이다

11 당신이 아실 수 있는 바와 같이 내가 예루살렘에 예배하러 올라간 지 열이틀밖에 안 되었고

12 그들은 내가 성전에서 누구와 변론하는 것이나 회당 또는 시중에서 무리를 소동하게 하는 것을 보지 못하였으니

13 이제 나를 고발하는 모든 일에 대하여 그들이 능히 당신 앞에 내세울 것이 없나이다

14 그러나 이것을 당신께 고백하리이다 나는 그들이 이단이라 하는 도를 따라 조상의 하나님을 섬기고 율법과 선지자들의 글에 기록된 것을 다 믿으며

15 그들이 기다리는 바 하나님께 향한 소망을 나도 가졌으니 곧 의인과 악인의 부활이 있으리라 함이니이다

16 이것으로 말미암아 나도 하나님과 사람에 대하여 항상 양심에 거리낌이 없기를 힘쓰나이다

17 여러 해 만에 내가 내 민족을 구제할 것과 제물을 가지고 와서

18 드리는 중에 내가 결례를 행하였고 모임도 없고 소동도 없이 성전에 있는 것을 그들이 보았나이다 그러나 아시아로부터 온 어떤 유대인들이 있었으니

19 그들이 만일 나를 반대할 사건이 있으면 마땅히 당신 앞에 와서 고발하였을 것이요

20 그렇지 않으면 이 사람들이 내가 공회 앞에 섰을 때에 무슨 옳지 않은 것을 보았는가 말하라 하소서

21 오직 내가 그들 가운데 서서 외치기를 내가 죽은 자의 부활에 대하여 오늘 너희 앞에 심문을 받는다고 한 이 한 소리만 있을 따름이니이다 하니

22 벨릭스가 이 도에 관한 것을 더 자세히 아는 고로 연기하여 이르되 천부장 루시아가 내려오거든 너희 일을 처결하리라 하고

23 백부장에게 명하여 바울을 지키되 자유를 주고 그의 친구들이 그를 돌보아 주는 것을 금하지 말라 하니라

24 수일 후에 벨릭스가 그 아내 유대 여자 드루실라와 함께 와서 바울을 불러 그리스도 예수 믿는 도를 듣거늘

25 바울이 의와 절제와 장차 오는 심판을 강론하니 벨릭스가 두려워하여 대답하되 지금은 가라 내가 틈이 있으면 너를 부르리라 하고

26 동시에 또 바울에게서 돈을 받을까 바라는 고로 더 자주 불러 같이 이야기하더라

27 이태가 지난 후 보르기오 베스도가 벨릭스의 소임을 이어받으니 벨릭스가 유대인의 마음을 얻고자 하여 바울을 구류하여 두니라

 ## 마음의 문을 열며

사도행전을 읽고 마음에 새기는 성도들에게 기대하는 점이 있습니다. 지치고 허무한 인생이 사도행전에 나타난 예수 그리스도를 만나면서 깊고 충만한 인생으로 바뀌는 것입니다. 말씀에 제대로 반응하기만 하면 우리의 신앙은 한 차원 올라갈 수 있습니다. 본문은 그런 도약대를 보여줍니다.

사도 바울은 복음의 사명을 위해 헌신하며 열정적으로 살았지만 오히려 두 해나 구금되었고, 지금은 하나님께서 그의 사역과 소명에 관해 침묵하시는 것처럼 느껴지는 상황입니다. 신앙생활을 오랫동안 하다 보면 나름대로 헌신하고, 내 믿음에 이상도 없고, 기도 역시 계속 하고 있음에도 어떨 때는 벽에 외치는 것 같고 하나님께서 임재하시지 않는 것 같은, 하나님의 침묵을 경험하곤 합니다. 이럴 때 과연 우리는 어떻게 해야 합니까?

말씀 속에서 하나님의 침묵에 대한 성도의 올바른 반응을 배우고, 그 기다림을 통해 경험할 수 있는 신령한 복을 내 것으로 삼는 시간이 되기를 바랍니다.

말씀의 씨를 뿌리며

1. 바울은 자신을 죽이려는 유대인들의 음모를 뚫고 로마 군대의 호송을 받아 가이사랴에 도착한 후, 헤롯 궁에 감금된 지 5일째 되는 날에 재판정에 섰습니다. 변호사 더둘로가 바울을 공격했으며, 누가는 이때의 상황을 마치 법정의 서기처럼 자세하게 기록하고 있습니다. 더둘로가 고발한 세 가지는 무엇입니까?

 • 5-6절

2. 바울은 더둘로의 거짓 고소에 대해서 영광스러운 변론을 하고 있습니다. 바울이 한 말을 정리해보세요.

 • 10-13절

 • 14-16절

 • 17-21절

3. 바울은 사실에 기초하여 상대방을 논리적으로 제압할 만큼 설득력 있고 탄복할 만한 변론을 했습니다. 그럼에도 그는 2년이나 구금 생활을 하고 있습니다. 그 이유가 무엇인지 생각해봅시다.
(참고. 사 30:18; 왕상 17:9; 창 50:20)

....

....

....

....

....

....

4. 벨릭스 총독이 이처럼 오랫동안 재판을 연기하는 것은 바울의 입장에서 보면 이해가 되지 않는 대목입니다. 신앙생활을 하면서 우리도 이런 상황을 경험하곤 합니다. 문제는 해결되지 않고 마음은 점점 더 힘들어지지만, 현실은 하나님의 응답이 아니라 고통의 시간이 계속되는 경우가 있습니다. 이럴 때 우리는 어떻게 해야 합니까? 응답이 지연되고 문제는 해결되지 않을 때, 지금까지 당신이 보였던 반응이나 태도는 어떠했습니까? (참고. 시 27:14; 미 7:7)

....

....

....

....

5. 바울은 하나님의 뜻을 기다리는 동안 원망하거나 불평하는 것이 아니라 오로지 소명을 붙잡고 뚜벅뚜벅 걸어갔습니다(25절). 신학자들은 이때 바울이 거룩한 통찰을 얻어서 훗날 에베소서, 빌립보서, 골로새서, 빌레몬서를 쓸 수 있었다고 말합니다. 기다림은 하나님의 거절이 아니라, 하나님의 뜻이 합력하여 선을 이루는 시간이라는 말에 대해 당신의 생각을 말해보세요. 또한 당신의 인생에서 기다림을 통해 받았던 신앙적 교훈이 있다면 나눠보세요.

....

....

....

....

6. 다음 글을 읽고 신앙인에게 기다림은 성도로서 가장 좋은 성품으로 빚어지는 과정이라는 사실을 묵상해보세요.

> 성경은 믿는 자가 하나님을 기다리는 것에 대해서 여러 가지를 말씀하고 있습니다. 잠잠히 기다리며(시 62:1), 인내로 기다리며(시 37:7), 담대함으로 기다리며(시 27:14), 간절함으로 기다리며(시 130:6), 시련과 역경 가운데서 기다리며(시 59:1-2), 믿음으로 기다립니다(갈 5:5). 하나님께서는 이렇게 각양각색의 처지와 상황에서 간절히 하나님을 기다리는 성도들에게 여러 모습으로 복을 내리십니다. 영적으로 새 힘을 얻게 하시고(사 40:31), 수치를 당치 않게 하시고(시 25:3), 소망을 얻게 하시고(시 62:5), 하나님의 선하심을 경험하게 하십니다(애 3:25). 그리고 무엇보다도

하나님을 간절히 기다리는 자에게는 기다림의 연단을 통해서 그의 신앙 인격을 거듭나게 하십니다.

어떤 면에서 신앙인에게 하나님께서 허락하시는 기다림은 포도를 으깨어 포도주로 숙성시키고, 밀을 빻아 허기를 채우는 빵으로 변화시키는 과정입니다. 이것을 한마디로 표현하면, '기다림은 성도를 연단하여 좋은 신앙 성품으로 바꾸는 시간'이라고 할 수 있습니다.

7. 신앙인에게는 '바로 지금이 결단의 시간임을 아는 것'이 중요합니다. 본문에 나타난 가장 비극적인 말은 25절에서 벨릭스가 했던, "지금은 가라 내가 틈이 있으면 너를 부르리라"입니다. 이는 사도행전 16장에 나오는 "선생들이여 내가 어떻게 하여야 구원을 받으리이까"라는 빌립보 간수의 말과 너무도 대조됩니다. 어떻게 하면 기다림의 시간에 벨릭스가 아니라 빌립보 간수처럼 "지금 주님의 뜻을 실천할 수 있는 뜨거운 심장과 두 발을 주십시오"라고 복음적 결단을 할 수 있을까요?

 삶의 열매를 거두며

하나님께서 침묵하실 때, 우리 믿는 자들은 영적 기억상실증에 걸리는 것이 아니라 하나님께서 내게 주신 은혜를 기억하면서 그분을 기다리는 자가 되어야 합니다. 그 기다림 속에서 바울은 육신의 회복을 누렸고, 사역에 대해 새로운 비전을 가질 수 있었습니다. 우리의 기다림을 통해 첫째는 자신의 몸과 마음을 회복하고, 둘째는 내게 주신 사명을 다시 확인하며, 셋째는 지금까지 내 뜻과 내 생을 앞세웠던 것으로부터 하나님의 뜻과 하나님의 생각에 더 예민할 수 있도록 주님의 도움을 구하는 기도를 드립시다.

하늘이 보이신 것을 거스르지 말라

사도행전 26:1-32

1 아그립바가 바울에게 이르되 너를 위하여 말하기를 네게 허락하노라 하니 이에 바울이 손을 들어 변명하되

2 아그립바 왕이여 유대인이 고발하는 모든 일을 오늘 당신 앞에서 변명하게 된 것을 다행히 여기나이다

3 특히 당신이 유대인의 모든 풍속과 문제를 아심이니이다 그러므로 내 말을 너그러이 들으시기를 바라나이다

4 내가 처음부터 내 민족과 더불어 예루살렘에서 젊었을 때 생활한 상황을 유대인이 다 아는 바라

5 일찍부터 나를 알았으니 그들이 증언하려 하면 내가 우리 종교의 가장 엄한 파를 따라 바리새인의 생활을 하였다고 할 것이라

6 이제도 여기 서서 심문 받는 것은 하나님이 우리 조상에게 약속하신 것을 바라는 까닭이니

7 이 약속은 우리 열두 지파가 밤낮으로 간절히 하나님을 받들어 섬김으로 얻기를 바라는 바인데 아그립바 왕이여 이 소망으로 말미암아 내가 유대인들에게 고소를 당하는 것이니이다

8 당신들은 하나님이 죽은 사람을 살리심을 어찌하여 못 믿을 것으로 여기나이까

9 나도 나사렛 예수의 이름을 대적하여 많은 일을 행하여야 될 줄 스스로 생각하고

10 예루살렘에서 이런 일을 행하여 대제사장들에게서 권한을 받아 가지고 많은 성도를 옥에 가두며 또 죽일 때에 내가 찬성 투표를 하였고

11 또 모든 회당에서 여러 번 형벌하여 강제로 모독하는 말을 하게 하고 그들에 대하여 심히 격분하여 외국 성에까지 가서 박해하였고

12 그 일로 대제사장들의 권한과 위임을 받고 다메섹으로 갔나이다

13 왕이여 정오가 되어 길에서 보니 하늘로부터 해보다 더 밝은 빛이 나와 내 동행들을 둘러 비추는지라

14 우리가 다 땅에 엎드러지매 내가 소리를 들으니 히브리 말로 이르되 사울아 사울아 네가 어찌하여 나를 박해하느냐 가시채를 뒷발질하기가 네게 고생이 니라

15 내가 대답하되 주님 누구시니이까 주께서 이르시되 나는 네가 박해하는 예수라

16 일어나 너의 발로 서라 내가 네게 나타난 것은 곧 네가 나를 본 일과 장차 내가 네게 나타날 일에 너로 종과 증인을 삼으려 함이니

17 이스라엘과 이방인들에게서 내가 너를 구원하여 그들에게 보내어

18 그 눈을 뜨게 하여 어둠에서 빛으로, 사탄의 권세에서 하나님께로 돌아오게 하고 죄 사함과 나를 믿어 거룩하게 된 무리 가운데서 기업을 얻게 하리라 하더이다

19 아그립바 왕이여 그러므로 하늘에서 보이신 것을 내가 거스르지 아니하고

20 먼저 다메섹과 예루살렘에 있는 사람과 유대 온 땅과 이방인에게까지 회개하고 하나님께로 돌아와서 회개에 합당한 일을 하라 전하므로

21 유대인들이 성전에서 나를 잡아 죽이고자 하였으나

22 하나님의 도우심을 받아 내가 오늘까지 서서 높고 낮은 사람 앞에서 증언하는 것은 선지자들과 모세가 반드시 되리라고 말한 것밖에 없으니

23 곧 그리스도가 고난을 받으실 것과 죽은 자 가운데서 먼저 다시 살아나사 이스라엘과 이방인들에게 빛을 전하시리라 함이니이다 하니라

24 바울이 이같이 변명하매 베스도가 크게 소리 내어 이르되 바울아 네가 미쳤도다 네 많은 학문이 너를 미치게 한다 하니

25 바울이 이르되 베스도 각하여 내가 미친 것이 아니요 참되고 온전한 말을 하나이다

26 왕께서는 이 일을 아시기로 내가 왕께 담대히 말하노니 이 일에 하나라도 아시지 못함이 없는 줄 믿나이다 이 일은 한쪽 구석에서 행한 것이 아니니이다

27 아그립바 왕이여 선지자를 믿으시나이까 믿으시는 줄 아나이다

28 아그립바가 바울에게 이르되 네가 적은 말로 나를 권하여 그리스도인이 되게 하려 하는도다

29 바울이 이르되 말이 적으나 많으나 당신뿐만 아니라 오늘 내 말을 듣는 모든 사람도 다 이렇게 결박된 것 외에는 나와 같이 되기를 하나님께 원하나이다 하니라

30 왕과 총독과 버니게와 그 함께 앉은 사람들이 다 일어나서
31 물러가 서로 말하되 이 사람은 사형이나 결박을 당할 만한 행위가 없다 하더라
32 이에 아그립바가 베스도에게 이르되 이 사람이 만일 가이사에게 상소하지 아니하였더라면 석방될 수 있을 뻔하였다 하니라

 **마음의 문을 열며**

"당신의 삶을 움직이는 원동력은 무엇입니까?" 이 질문에 당신은 무엇이라고 대답하겠습니까? 우리는 하나님의 자녀이기에 하늘 비전으로 살고 움직이는 것이 마땅합니다. 우리가 하늘 비전대로 살기 위해서는 먼저 하늘이 내게 보여주신 것을 볼 수 있어야 하고, 둘째는 보여주신 비전대로 살아가야 합니다.

어떻게 해야 하늘 비전을 볼 수 있을까요? 또 내게 주어진 그 비전대로 누수 없이 살 수 있을까요? 중요한 것은 내가 원한다고 보고, 내가 원한다고 그렇게 살 수 있는 것이 아니라는 사실입니다.

바울 사도는 하늘 비전을 품기 위해서 자신을 비우는 과정을 거쳤습니다. 본문을 통하여 어떻게 하면 세상의 것으로 가득 찬 자신을 비우고, 하늘 비전으로 채우며 살 수 있는지 배울 수 있기를 바랍니다.

 ## 말씀의 씨를 뿌리며

1. 사도행전 24장에서 26장까지는 바울이 로마 총독들에게 재판을 받는 과정처럼 보입니다. 하지만 사실은 바울이 이들에게 복음의 전도자로서 적극적으로 예수 그리스도를 전하는 내용을 기록한 것입니다. 사도행전 9장 15절과 비교할 때, 이 내용이 의미하는 바는 무엇입니까?

....

....

....

2. 바울이 아그립바 왕을 비롯한 로마 총독들에게 자신을 변명하면서 전하고자 했던 핵심 내용은 무엇입니까?

• 15-18절

....

....

....

• 21-23절

....

....

....

• 29절

....

....

3. 죄수복을 입고 결박된 바울의 모습은 겉으로 보기에 권세자들과 너무나 대조적으로 보였습니다. 그러나 영적으로는 전혀 다른 상황이었습니다. 강력하게 복음을 전하는 바울의 영적 위엄을 감당하지 못한 베스도가 바울에게 무엇이라고 소리쳤습니까? 그리고 여기에 대한 바울의 대답은 무엇입니까? (참고. 29절)

• 24-25절

4. 세상의 상식 및 정치 논리와 쾌락적 사고방식에 사로잡힌 베스도의 눈에는, 결박 당한 죄인의 몸으로 조금도 위축되지 않으며 도리어 '하늘에서 보이신 것을 거스르지 않고' 그대로 믿고 선포하면서 고통의 길, 십자가의 길을 선택한 바울을 이해할 수가 없었습니다. 그의 눈에는 바울이 미친 사람으로 보였습니다. 제대로 신앙생활을 하다 보면, 바울처럼 세상으로부터 미친 사람 취급을 받게 되는 것에 대해 성경은 어떻게 이야기하고 있습니까?

• 막 3:21

• 고전 1:18

5. 당신이 생각하기에 기독교의 어떤 부분들이 세상 사람들의 상식에 반하는 것 같습니까? 당신도 바울처럼 "하늘에서 보이신 것", 하나님의 뜻을 거스르지 않고 행한 것 때문에 이상한 사람으로 취급된 적이 있습니까?

---

6. 다음 글을 읽고 왜 그리스도인은 때때로 세상 사람들이 보기에 '이해 불가한 사람'처럼 여겨질 수밖에 없는지 묵상해보세요.

> A.W. 토저 목사님은 그리스도인이 때로 세상으로부터 이해할 수 없는 사람처럼 여겨지는 이유를 이렇게 설명하고 있습니다. "하나님과 동행하는 사람은 '눈에 보이지 않는 분'과 동행하는 것이기 때문에 세상 사람들은 그를 보고 미쳤다고 오해할 수도 있다."
>
> 우리나라에 처음 복음을 들고 온 토마스 선교사는 대동강 변에서 복음을 전하다가 40대의 젊은 나이에 순교했습니다. 아펜젤러 선교사는 복음을 전하러 전라도에 다녀오는 길에 바다에서 풍랑을 만나 익사했습니다. 아마도 세상 사람들은 그가 한 일을 미친 짓이라고 했을 것입니다. 유능한 의사요 학자였던 그가 안전하고 편하게 살 수 있는 길이 있음에도 그 길을 마다하고 전도하러 다니다가 물에 빠져 허망하게 죽었다고 말할지도 모릅니다.

허드슨 테일러는 중국 교회에 복음의 씨를 뿌린 사람입니다. 그러나 그의 삶은 세상의 눈으로 보기에 너무나도 불행했습니다. 그는 가족을 이끌고 중국 땅에 들어가 복음을 전했는데, 그의 아내는 겨우 32세에 풍토병으로 세상을 떠났습니다. 그리고 자녀 셋이 모두 죽었습니다. 이처럼 많은 믿음의 사람들이 복음을 위해서, 세상 사람들이 보기에는 정신 나간 사람 같은 인생을 살았습니다.

7. 세상의 영에 사로잡힌 사람들의 눈으로 볼 때 성령에 사로잡힌 우리가 정상이라고 여겨진다면 그것 자체가 문제라고 할 수 있습니다. 당신은 하나님을 위해서, 그리스도의 십자가를 지기 위해서 세상으로부터 미친 사람 취급을 받을 각오가 되어 있습니까? 어떻게 하면 우리도 바울처럼 세상적으로는 초라해 보일지라도 하나님의 자녀로서 세상이 감당할 수 없는 담대함을 가지고 살 수 있을까요? 자신의 결심을 이야기해보세요.

삶의 열매를 거두며

우리는 세상 사람들에게 윤리적·도덕적으로 칭찬을 받아야 합니다. 그러나 영적 정체성이 세상과는 전혀 다른 우리가 세상 사람들의 기준에 부합하기 때문에만 칭찬을 받는다면, 우리는 제대로 된 그리스도인이라고 말할 수 없습니다. 바울 사도의 고백처럼, 어떤 면에서 우리는 세상 사람들의 눈에 '미친 사람'으로 보일 수 있습니다. 그럼에도 우리는 바울처럼 "당신들도 나처럼 되기를 바란다"라고 당당하게 말할 수 있어야 합니다. 먼저는 "하늘이 보이신 것"을 거스르지 않고 사는 지혜를 구하며, 세상을 향해서는 "당신들도 나처럼 신앙생활하기를 원한다"라며 담대히 외칠 수 있는 용기를 달라고 기도합시다.

폭풍 속의 산 믿음

사도행전 27:1-44

1 우리가 배를 타고 이달리야에 가기로 작정되매 바울과 다른 죄수 몇 사람을 아구스도대의 백부장 율리오란 사람에게 맡기니

2 아시아 해변 각처로 가려 하는 아드라뭇데노 배에 우리가 올라 항해할새 마게도냐의 데살로니가 사람 아리스다고도 함께하니라

3 이튿날 시돈에 대니 율리오가 바울을 친절히 대하여 친구들에게 가서 대접 받기를 허락하더니

4 또 거기서 우리가 떠나가다가 맞바람을 피하여 구브로 해안을 의지하고 항해하여

5 길리기아와 밤빌리아 바다를 건너 루기아의 무라시에 이르러

6 거기서 백부장이 이달리야로 가려 하는 알렉산드리아 배를 만나 우리를 오르게 하니

7 배가 더디 가 여러 날 만에 간신히 니도 맞은편에 이르러 풍세가 더 허락하지 아니하므로 살모네 앞을 지나 그레데 해안을 바람막이로 항해하여

8 간신히 그 연안을 지나 미항이라는 곳에 이르니 라새아시에서 가깝더라

9 여러 날이 걸려 금식하는 절기가 이미 지났으므로 항해하기가 위태한지라 바울이 그들을 권하여

10 말하되 여러분이여 내가 보니 이번 항해가 하물과 배만 아니라 우리 생명에도 타격과 많은 손해를 끼치리라 하되

11 백부장이 선장과 선주의 말을 바울의 말보다 더 믿더라

12 그 항구가 겨울을 지내기에 불편하므로 거기서 떠나 아무쪼록 뵈닉스에 가서 겨울을 지내자 하는 자가 더 많으니 뵈닉스는 그레데 항구라 한쪽은 서남을, 한쪽은 서북을 향하였더라

13 남풍이 순하게 불매 그들이 뜻을 이룬 줄 알고 닻을 감아 그레데 해변을 끼고 항해하더니

14 얼마 안 되어 섬 가운데로부터 유라굴로라는 광풍이 크게 일어나니

15 배가 밀려 바람을 맞추어 갈 수 없어 가는 대로 두고 쫓겨가다가

16 가우다라는 작은 섬 아래로 지나 간신히 거루를 잡아

17 끌어 올리고 줄을 가지고 선체를 둘러 감고 스르디스에 걸릴까 두려워하여 연장을 내리고 그냥 쫓겨가더니

18 우리가 풍랑으로 심히 애쓰다가 이튿날 사공들이 짐을 바다에 풀어버리고

19 사흘째 되는 날에 배의 기구를 그들의 손으로 내버리니라

20 여러 날 동안 해도 별도 보이지 아니하고 큰 풍랑이 그대로 있으매 구원의 여망마저 없어졌더라

21 여러 사람이 오래 먹지 못하였으매 바울이 가운데 서서 말하되 여러분이여 내 말을 듣고 그레데에서 떠나지 아니하여 이 타격과 손상을 면하였더라면 좋을 뻔하였느니라

22 내가 너희를 권하노니 이제는 안심하라 너희 중 아무도 생명에는 아무런 손상이 없겠고 오직 배뿐이리라

23 내가 속한 바 곧 내가 섬기는 하나님의 사자가 어제 밤에 내 곁에 서서 말하되

24 바울아 두려워하지 말라 네가 가이사 앞에 서야 하겠고 또 하나님께서 너와 함께 항해하는 자를 다 네게 주셨다 하였으니

25 그러므로 여러분이여 안심하라 나는 내게 말씀하신 그대로 되리라고 하나님을 믿노라

26 그런즉 우리가 반드시 한 섬에 걸리리라 하더라

27 열나흘째 되는 날 밤에 우리가 아드리아 바다에서 이리저리 쫓겨가다가 자정쯤 되어 사공들이 어느 육지에 가까워지는 줄을 짐작하고

28 물을 재어 보니 스무 길이 되고 조금 가다가 다시 재니 열다섯 길이라

29 암초에 걸릴까 하여 고물로 닻 넷을 내리고 날이 새기를 고대하니라

30 사공들이 도망하고자 하여 이물에서 닻을 내리는 체하고 거룻배를 바다에 내려놓거늘

31 바울이 백부장과 군인들에게 이르되 이 사람들이 배에 있지 아니하면 너희가 구원을 얻지 못하리라 하니

32 이에 군인들이 거룻줄을 끊어 떼어버리니라

33 날이 새어 가매 바울이 여러 사람에게 음식 먹기를 권하여 이르되 너희가 기다리고 기다리며 먹지 못하고 주린 지가 오늘까지 열나흘인즉

34 음식 먹기를 권하노니 이것이 너희의 구원을 위하는 것이요 너희 중 머리카락 하나도 잃을 자가 없으리라 하고

35 떡을 가져다가 모든 사람 앞에서 하나님께 축사하고 떼어 먹기를 시작하매

36 그들도 다 안심하고 받아 먹으니

37 배에 있는 우리의 수는 전부 이백칠십육 명이더라

38 배부르게 먹고 밀을 바다에 버려 배를 가볍게 하였더니

39 날이 새매 어느 땅인지 알지 못하나 경사진 해안으로 된 항만이 눈에 띄거늘 배를 거기에 들여다 댈 수 있는가 의논한 후

40 닻을 끊어 바다에 버리는 동시에 키를 풀어 늦추고 돛을 달고 바람에 맞추어 해안을 향하여 들어가다가

41 두 물이 합하여 흐르는 곳을 만나 배를 걸매 이물은 부딪쳐 움직일 수 없이 붙고 고물은 큰 물결에 깨어져 가니

42 군인들은 죄수가 헤엄쳐서 도망할까 하여 그들을 죽이는 것이 좋다 하였으나

43 백부장이 바울을 구원하려 하여 그들의 뜻을 막고 헤엄칠 줄 아는 사람들을 명하여 물에 뛰어내려 먼저 육지에 나가게 하고

44 그 남은 사람들은 널조각 혹은 배 물건에 의지하여 나가게 하니 마침내 사람들이 다 상륙하여 구조되니라

 ## 마음의 문을 열며

신앙의 연륜이 있는 성도들 중에 이런 질문을 가진 분들이 있습니다. "그동안 비교적 믿음으로 살려고 애썼는데, 내가 왜 이처럼 인생의 폭풍우를 만나서 고통을 당해야 할까?" 누구든지 인생의 먹구름 속에 있으면 이런 생각을 할 수 있습니다. 더구나 성실하게 신앙생활을 해왔다면 더욱 회의가 생길 수 있을 것입니다.

바울은 엄청난 폭풍우를 만나서 2주 동안 먹지도 마시지도 못하는 고통스러운 상황에 놓여 있습니다. 심지어 살 소망까지 끊어질 만큼 극한 어려움을 당하고 있습니다. 그런데 이 고통과 어려움은 하나님의 명령을 순종하는 가운데 만난 것이었습니다. 이럴 때 그리스도인은 어떻게 해야 할까요?

본문은 그리스도인이 인생의 폭풍우를 만날 때 무엇을 보아야 하고, 어떤 태도를 가져야 하는지를 생생하게 보여주고 있습니다. 삶의 거친 파도와 풍랑 앞에서도 생명나무를 선택하는 것이 무엇인지 깨닫고, 나아가 오직 하나님만을 더 의지함으로 전천후 신앙의 근력을 키우는 시간이 되기를 바랍니다.

말씀의 씨를 뿌리며

1. 바울은 영적 통찰에 따라 미항에서 겨울을 나자고 권했으나, 항해의 결정권을 가진 백부장 율리오는 어떻게 결정했습니까?

• 11-12절

2. 선장과 선주의 말대로 뵈닉스에서 겨울을 보내기 위해 미항을 출발했던 바울이 탄 배는 어떤 일을 겪게 되었습니까?

• 14절

• 20절

3. 유라굴로라는 광풍을 만나 큰 풍랑으로 고통을 당하다가 살 소망까지 끊어진 상태에서 배에 탄 사람들이 목숨을 구하기 위해 했던 일은 무엇입니까? 바울은 이런 그들을 어떻게 위로하며, 어떤 방법으로 그들의 생명을 구하고 있습니까?

• 18-19절

• 23-25절

⠿⠿⠿⠿⠿⠿⠿⠿

⠿⠿⠿⠿⠿⠿⠿⠿

• 33-37절

⠿⠿⠿⠿⠿⠿⠿⠿

⠿⠿⠿⠿⠿⠿⠿⠿

4. 본문은 그리스도인이 인생이라는 배를 항해할 때 자칫 범하기 쉬운 실수를 보여주고 있습니다. 첫째는 백부장처럼 세상적 기준에 근거한 충고에 귀를 기울이는 것입니다(11절). 둘째는 다수를 진리처럼 따르는 것입니다(12절). 셋째는 환경에 의존하는 것입니다(13절). 사람들은 보통 이런 기준에 근거해 판단합니다. 하지만 그리스도인이 백부장처럼 세상의 상식을 우선적으로 따르는 것이 잘못된 이유는 무엇입니까?

⠿⠿⠿⠿⠿⠿⠿⠿

⠿⠿⠿⠿⠿⠿⠿⠿

5. 인생길에서 만나게 되는 유라굴로 같은 광풍은, 인생의 풍랑을 겪을 때 우리가 간직해야 할 것과 버려야 할 것이 무엇인지를 일깨워줍니다. 배에 탄 사람들의 생명을 구한 것은 인간적인 방법이 아니라 하나님의 약속과 말씀에 대한 믿음이라는 사실이 당신에게 주는 교훈은 무엇입니까? (참고. 딤후 3:15)

⠿⠿⠿⠿⠿⠿⠿⠿

⠿⠿⠿⠿⠿⠿⠿⠿

6. 다음 글을 읽고 하나님은 풍랑을 만난 인생, 금이 간 인생을 쓰신다는 것에 대해서 생각해봅시다.

일본의 도자기 제조법 중에는 깨진 도자기를 접합하여 본래보다 더 가치 있는 물건으로 만드는 긴쓰기(Kintsugi)라는 기술이 있습니다. 긴쓰기가 처음 시작된 것은 15세기경이라고 합니다. 당시 일본은 중국에서 찻잔이나 도자기를 많이 수입했습니다. 어느 날 일본의 쇼군이었던 아시카가 요시마사(足利義政)가 자신이 좋아하던 차완(차를 따라 마시는 종지의 하나)이 깨지자 그것을 중국으로 보내어 수리하도록 했습니다. 하지만 수리한 것이 마음이 들지 않아서 일본의 공예가들에게 맡겼고, 여기에서 깨진 조각들을 접합하고 그 선을 따라 옻칠이나 금박을 입히는 긴쓰기가 시작되었다고 합니다. 나중에는 본래의 도자기보다 깨진 것을 긴쓰기로 보수한 것이 훨씬 값이 나갔다고 합니다.

이는 하나님께서 풍랑을 만나 깨지고 금이 간 인생을 성령으로 빚으셔서 더 멋지게, 더 아름답게 하나님의 걸작품으로 사용하시는 것을 연상하게 합니다. 예수님의 열두 제자 중에 예수님을 배신하지 않는 이들이 어디 있습니까? 성경에 나타나는 하나님의 사람 중에서 인생의 풍랑을 겪지 않은 사람이 어디 있습니까? 구약의 아브라함, 야곱, 요셉, 모세, 여호수아, 다윗, 이사야, 예레미야… 신약에서는 예수님의 열두 제자와 바울을 보십시오. 이처럼 성경에는 하나님께서 실수투성이의 사람을 빚어 하나님의 일에 쓰시는 이야기가 가득합니다.

7. 그리스도인은 유라굴로 같은 광풍을 만날 때 생명나무를 선택해야 합니다. 첫째는 삶이 뒤집히는 상황에서도 이웃을 위로하고 섬기며, 둘째는 폭풍우로 금이 가고 깨어진 인생을 더 크게 사용하시는 하나님을 믿고, 셋째는 인생의 풍랑 가운데 임하시고 말씀하시는 하나님을 의지하는 것입니다. 이렇게 인생의 폭풍우 속에서도 기어코 생명나무를 선택하기 위해 당신은 무엇을 결심하고 실천할 수 있습니까?

 ## 삶의 열매를 거두며

인생의 풍랑은 그동안 내 삶을 구축했던 것 중에서 진짜와 가짜를 분별하게 합니다. 무엇보다 내 신앙이 모래 위에 세워져 있는지 반석 위에 세워져 있는지를 알려줄 것입니다. 감사한 것은, 하나님께서는 모진 풍랑 속에서 깨어지고 금이 간 인생을 하나님 나라의 금 그릇으로 사용하신다는 사실입니다. 먼저 인생의 풍랑 속에서 무엇을 버려야 하고, 끝까지 간직해야 할 것은 무엇인지 분별하는 영을 달라고 기도합시다. 또한 광풍을 만난 인생이 완전한 순종을 통해 큰 풍랑이 잔잔한 은혜의 바다로 변화되는 것을 경험할 수 있도록 성령의 도우심을 구하는 기도를 드립시다.

사명이 목숨보다 중요하다

사도행전 28:1-15

1 우리가 구조된 후에 안즉 그 섬은 멜리데라 하더라
2 비가 오고 날이 차매 원주민들이 우리에게 특별한 동정을 하여 불을 피워 우리를 다 영접하더라
3 바울이 나무 한 묶음을 거두어 불에 넣으니 뜨거움으로 말미암아 독사가 나와 그 손을 물고 있는지라
4 원주민들이 이 짐승이 그 손에 매달려 있음을 보고 서로 말하되 진실로 이 사람은 살인한 자로다 바다에서는 구조를 받았으나 공의가 그를 살지 못하게 함이로다 하더니
5 바울이 그 짐승을 불에 떨어버리매 조금도 상함이 없더라
6 그들은 그가 붓든지 혹은 갑자기 쓰러져 죽을 줄로 기다렸다가 오래 기다려도 그에게 아무 이상이 없음을 보고 돌이켜 생각하여 말하되 그를 신이라 하더라
7 이 섬에서 가장 높은 사람 보블리오라 하는 이가 그 근처에 토지가 있는지라 그가 우리를 영접하여 사흘이나 친절히 머물게 하더니
8 보블리오의 부친이 열병과 이질에 걸려 누워 있거늘 바울이 들어가서 기도하고 그에게 안수하여 낫게 하매
9 이러므로 섬 가운데 다른 병든 사람들이 와서 고침을 받고
10 후한 예로 우리를 대접하고 떠날 때에 우리 쓸 것을 배에 실었더라
11 석 달 후에 우리가 그 섬에서 겨울을 난 알렉산드리아 배를 타고 떠나니 그 배의 머리 장식은 디오스구로라
12 수라구사에 대고 사흘을 있다가
13 거기서 둘러가서 레기온에 이르러 하루를 지낸 후 남풍이 일어나므로 이튿날 보디올에 이르러

14 거기서 형제들을 만나 그들의 청함을 받아 이레를 함께 머무니라 그래서 우리는 이와 같이 로마로 가니라

15 그곳 형제들이 우리 소식을 듣고 압비오 광장과 트레이스 타베르네까지 맞으러 오니 바울이 그들을 보고 하나님께 감사하고 담대한 마음을 얻으니라

 # 마음의 문을 열며

우리의 인생은 큰 바다를 항해하는 배와 같습니다. 인생의 바다를 항해하는 세 종류의 태도가 있습니다. 첫째는, 환경과 사람에 의해 조종되는 인생(Dependent Life)입니다. 그래서 내가 할 수 있는 것은 별로 없다고 생각하며 사는 인생입니다. 둘째는, 자신이 스스로 조종하는 인생(Independent Life)입니다. 자신의 경험과 지식을 의존하는 인생입니다. 그러나 이보다 더 높은 차원의 삶이 있습니다. 그것은 사명 중심의 인생(Mission Centered Life)입니다. 하나님의 손에 내 인생의 운행권을 맡기는 삶입니다.

하나님이 주어가 되는 인생, 사명 중심의 인생은 신앙의 연륜이 깊어갈수록 예수님을 닮아가는 인생입니다. 말씀 속에서 왜 그리스도인으로 사명 중심의 인생을 살아야 하는지, 또 하나님의 손에 인생의 운행권을 맡기며 사는 것이 얼마나 가치 있는지 깨닫는 시간이 되기를 바랍니다.

말씀의 씨를 뿌리며

1. 유라굴로라는 광풍으로 배가 파선할 지경이 되었고, 배에 탄 사람들이 살 소망이 끊어질 지경이 되었을 때, 하나님께서 그분의 사자를 통해 바울에게 주신 복음의 사명은 무엇입니까?

• 행 27:24

2. 풍랑에서 구조되어 멜리데 섬에 오른 바울 일행에게 어떤 일이 일어났습니까? 이 일로 멜리데 원주민들이 바울에게 한 말은 무엇입니까?

• 3-4절

• 6절

3. 원주민들은 바울을 문 독사에 대해서 누구보다도 잘 알고 있었습니다. 지금까지 그 독사에 물려서 살아난 사람이 없었기에 바울도 죽을 것으로 생각했습니다. 독사에 물려도 죽지 않았던 바울의 모습은 마가복음 16장 15-18절을 떠오르게 합니다. 그 내용을 말해보세요.

• 막 16:15-18

4. 바울이 독사에 물렸을 때도 이토록 담대할 수 있었던 이유는 무엇
일까요? 1번 문제와 연결해서 생각해보세요.

5. 바울에게는 '로마에서도 복음을 전하는 사명을 다할 때까지 하나
님께서는 이 땅에서 나를 거두지 아니하실 것이다'라는 거룩한 담
력이 있었습니다. 우리는 질병으로, 뜻하지 않는 사고로 혹은 다
른 이유로 숨을 거둘 수 있습니다. 그러나 우리는 이런 이유로 죽
는 것이 아니라 사명을 다했기 때문에 하나님께서 데려가신다고 생
각할 수 있습니다. "그리스도인은 사명을 다할 때까지는 죽지 않는
다"라는 말에 대해 어떤 생각이 드는지 말해보세요.

6. 다음 글을 읽고 그리스도인의 최고 사명은 영혼을 구하는 것이라는 사실을 묵상해보세요.

《래디컬》의 저자인 데이비드 플랫은 이렇게 질문합니다. "왜 우리는 생명을 잃기까지 삶을 드려 믿지 않는 사람들에게 복음을 전해야 하는가? 왜 우리는 긴급히 그들에게 가야 하는가?"

"첫째, 우리가 영혼 구원의 자리로 긴급히 가야 하는 이유는 대다수 믿지 않는 사람이 가진 하나님에 대한 지식이 그들을 지옥에 떨어뜨리기에 충분하기 때문이다." 그러므로 사명자는 지옥으로 달려가는 차가 있다면 어떻게 해서든지 그 차를 급정차시켜 승객들이 내리도록 하는 사람입니다.

"둘째, 우리가 영혼 구원의 자리로 긴급히 가야 하는 이유는 하나님의 복음이 어느 누구라도 구원하기에 충분히 강력하기 때문이다." 그러므로 사명자는 자신에게 치료약이 있다면 그것을 들고 죽어가는 이에게 지체 없이 찾아가는 사람입니다.

"셋째, 우리가 영혼 구원의 자리로 긴급히 가야 하는 이유는 하나님의 영광이 구원받는 모든 사람을 영원히 만족시킬 수 있을 정도로 충분하기 때문이다." 그러므로 사명자는 예수님만 믿으면 이렇게 놀라운 복을 받을 수 있는 길이 있는데 이것도 모른 채 딴 길을 걸어가는 사람을 보면, 그 사람의 손을 강제로라도 붙잡아 영원히 하나님의 영광을 누리는 복된 길로 끌고 오는 사람입니다.

7. 확고한 사명을 가지고 있으면 삶이 달라집니다. 자신이 하는 모든 일에서 예수님의 주 되심을 인정하며 살아가는 사명자의 삶이 자신의 배를 두드리며 살아가는 불신자와 같을 수 없습니다(눅 12:16-20). 그리스도인은 소유가 아니라 사명으로 사는 사람이며, 보람이 아니라 사명으로 사는 사람이며, 사명을 목숨보다 중요하게 생각하는 사람입니다. 진정한 사명자로 살기 위한 당신의 결심과 실천을 나눠보세요.

_____

_____

_____

_____

 ## 삶의 열매를 거두며

사명으로 사는 인생은 사도 바울의 고백처럼 살아도 주를 위하여, 죽어도 주를 위하여 사는 인생입니다. 한마디로 사명으로 살고 사명으로 죽는 "사명사 사명생"(使命死 使命生) 인생이라고 말할 수 있습니다. 날마다 사명이 목숨보다 귀하다는 사실을 가슴에 새기며 "사명사 사명생"의 인생을 결단하고, 이를 위한 담대함을 구하는 기도를 드립시다.

담대하게 하나님의 나라를

사도행전 28:16-31

16 우리가 로마에 들어가니 바울에게는 자기를 지키는 한 군인과 함께 따로 있게 허락하더라

17 사흘 후에 바울이 유대인 중 높은 사람들을 청하여 그들이 모인 후에 이르되 여러분 형제들아 내가 이스라엘 백성이나 우리 조상의 관습을 배척한 일이 없는데 예루살렘에서 로마인의 손에 죄수로 내준 바 되었으니

18 로마인은 나를 심문하여 죽일 죄목이 없으므로 석방하려 하였으나

19 유대인들이 반대하기로 내가 마지못하여 가이사에게 상소함이요 내 민족을 고발하려는 것이 아니니라

20 이러므로 너희를 보고 함께 이야기하려고 청하였으니 이스라엘의 소망으로 말미암아 내가 이 쇠사슬에 매인 바 되었노라

21 그들이 이르되 우리가 유대에서 네게 대한 편지도 받은 일이 없고 또 형제 중 누가 와서 네게 대하여 좋지 못한 것을 전하든지 이야기한 일도 없느니라

22 이에 우리가 너의 사상이 어떠한가 듣고자 하니 이 파에 대하여는 어디서든지 반대를 받는 줄 알기 때문이라 하더라

23 그들이 날짜를 정하고 그가 유숙하는 집에 많이 오니 바울이 아침부터 저녁까지 강론하여 하나님의 나라를 증언하고 모세의 율법과 선지자의 말을 가지고 예수에 대하여 권하더라

24 그 말을 믿는 사람도 있고 믿지 아니하는 사람도 있어

25 서로 맞지 아니하여 흩어질 때에 바울이 한 말로 이르되 성령이 선지자 이사야를 통하여 너희 조상들에게 말씀하신 것이 옳도다

26 일렀으되 이 백성에게 가서 말하기를 너희가 듣기는 들어도 도무지 깨닫지 못하며 보기는 보아도 도무지 알지 못하는도다

27 이 백성들의 마음이 우둔하여져서 그 귀로는 둔하게 듣고 그 눈은 감았으니 이는 눈으로 보고 귀로 듣고 마음으로 깨달아 돌아오면 내가 고쳐줄까 함이라 하였으니

28 그런즉 하나님의 이 구원이 이방인에게로 보내어진 줄 알라 그들은 그것을 들으리라 하더라

29 (없음)

30 바울이 온 이태를 자기 셋집에 머물면서 자기에게 오는 사람을 다 영접하고

31 하나님의 나라를 전파하며 주 예수 그리스도에 관한 모든 것을 담대하게 거침없이 가르치더라

 **마음의 문을 열며**

목회자로서 늘 간구하는 기도가 있습니다. "하나님 아버지, 하나님께서 위대하신 것처럼 우리의 인생도 위대하게 하시고, 이를 통해 우리가 하나님 나라의 역사에 쓰임 받게 하옵소서." 우리가 위대한 삶을 살도록 기도하는 이유는 우리 자신이 세상에 이름을 떨치기 위해서가 아닙니다. 오직 하나님의 나라가 이 땅에 세워지는 데 공헌하려는 열망 때문입니다.

어떻게 하면 부족한 인생이 하나님 나라의 역사에 위대하게 쓰임 받을 수 있을까요? 본문은 바울 사도를 통해서 "담대하게 거침없이" 하나님 나라에 관한 것을 가르치는 것이 비결임을 보여주고 있습니다. 말씀 속에서, 자신이 처한 상황과 형편이 어떠하든지 담대하게 하나님의 나라를 드러냄으로써 부족한 인생이 하나님 나라의 위대한 역사에 동참하는 데 눈을 뜨고, 또 그렇게 살기로 결심하는 시간이 되기를 바랍니다.

🌱 말씀의 씨를 뿌리며

1. 마침내 로마에 입성한 바울은 주거가 제한되고(16절), 쇠사슬에 매인 상황에서도(20절) 무엇을 전했습니까?

• 23절

• 31절

2. 바울이 전한 복음의 핵심인 '하나님의 나라'는 사도행전의 핵심 주제였고, 예수님의 공생애 사역의 근본이기도 했습니다. 다음 구절을 읽고 이 사실을 확인해보세요.

• 행 1:3

• 막 1:15

• 눅 4:43

3. 하나님의 나라는 너무도 신비하기 때문에, 예수님은 마태복음 13장에서 하나님의 나라를 "이것이다"라고 정의하지 않으시고, 7가지 비유로 "무엇과 같다"라고 말씀하십니다. 그중에 핵심은 겨자씨 비유와 누룩 비유입니다. 이것이 의미하는 바가 무엇인지 당신이 이해한 대로 풀어서 말해보세요.

• 마 13:31-33

4. 하나님의 나라에 대한 겨자씨와 누룩 비유에서 보다 강조되어야 하는 것은 하나님 나라의 현장성입니다. 아무리 하나님의 나라가 이 땅에 세워진다고 해도, 그것이 내 삶에서 보이지 않고 손으로 만져볼 수 없다면 예수님께서 말씀하신 하나님의 나라와 내가 무슨 상관이 있을까요? 그렇다면 하나님의 나라를 내 삶의 현장에서 세워나간다는 것은 무슨 뜻입니까? (참고. 마 5:13-16; 딤후 4:2)

5. 바울은 하나님의 나라를 전파하며 예수 그리스도에 관한 모든 것을 "담대하게 거침없이" 가르쳤습니다(31절). 그가 죄수의 신분으로 갇혀 있으면서도 그렇게 담대하고 거침없이 복음을 전할 수 있었던 결정적 이유는 그에게 하나님 나라의 꿈이 있었기 때문입니다. 당신에게는 하나님의 나라를 삶 속에서, 당신이 발을 딛고 사는 삶의 현장에서 이루려는 꿈이 있습니까? 그렇지 않다면 그 이유는 무엇입니까?

6. 다음 글을 읽고 하나님 나라를 꿈꾸며 산다는 것이 무엇인지, 하나님 나라를 꿈꾸며 살 때 그 결과가 어떠할지 묵상해보세요.

하나님 나라를 꿈꾸는 사람은 거룩한 상상력으로 겨자씨 속에서 장차 구현될 놀라운 나라를 바라보기에, 그 나라가 실현되기까지 세상이 감당하지 못하는 힘으로 사는 사람입니다. 그는 너무도 끔찍한 상처로 고통스러워하는 이 세상에 하나님의 샬롬이 침투하여 변화시킬 미래를 바라보며, 하나님 나라의 구현을 위해 창의력과 용기를 가지고 거룩한 상상력으로 때로는 실패와 좌절 속에서도 주저하지 않고 도전하고 시도하는 사람입니다. 하나님 나라의 꿈을 가진 사람은 이렇게 외칩니다. "하나님의 첫 창조는 참으로 놀랍다. 그리고 장차 하나님의 새 창조로 완성될 하나님의 나라는 숨이 막힐 정도로 완벽하고 아름다울 것이다. 그리고 나는 그때까지 '하나님 나라가 임하시오며 뜻이 하늘에서 이루어진 것같이 땅에서도 이루어지는' 꿈을 가지고 살아갈 것이다!" 동시에 그리스도인으로서 이 꿈은 반드시 자신을 부인하는 실천과 같이 가야 합니다.

7. 하나님의 나라를 꿈꾸는 사람은 자기 생각이나 자기 지식에 갇혀서 한 걸음의 능력도 행하지 못하는 사람이 아니라, 바울처럼 열악한 환경에서도 일어나 사명을 다하는 사람입니다(참고. 행 14:19-21). 지금 무력한 신앙인으로, 꿈이 없는 신앙인으로, 교회 문을 나서면 믿음의 향기가 나지 않는 신앙인으로 살아가고 있다면, 사도행전 28장 31절의 마지막 구절에서 바울이 희열에 넘쳐 선포하는 소리를 들어야 합니다. 이것은 복음의 승리요, 하나님 나라를 향한 꿈의 외침입니다. 31절 말씀을 반복해서 읽고 들으면서 당신이 그리스도인으로서 결심하는 바를 적고, 지금 당신의 삶의 현장에서 "담대하게 거침없이" 복음을 전하며 하나님의 나라를 세우기 위해 실천할 수 있는 한 가지를 말해보세요.

....

....

....

 ## 삶의 열매를 거두며

'성령행전'이라고도 부르는 사도행전을 마무리하면서, 우리의 가슴은 하나님 나라의 역사로 맥박 쳐야 합니다. 그리고 이제는 나를 통해 사도행전 29장의 삶이 이어져야 할 것입니다. 이것이 우리가 사도행전을 공부하고 나누었던 이유입니다. 내 삶이 하나님의 나라에서 쓰임 받을 수 있도록 간절히 기도를 드립시다. 또한 성령께서 부족한 나의 인생을 장악하시고, 내가 있는 삶의 현장에서 거침없이 담대하게 하나님의 나라를 전하며 살 수 있는 능력과 용기를 주시도록 기도를 드립시다.

우리가 이루어야 할 사도행전 29장의 꿈

 사도행전 20:24, 31-35

24 내가 달려갈 길과 주 예수께 받은 사명 곧 하나님의 은혜의 복음을 증언하는 일을 마치려 함에는 나의 생명조차 조금도 귀한 것으로 여기지 아니하노라

31 그러므로 여러분이 일깨어 내가 삼 년이나 밤낮 쉬지 않고 눈물로 각 사람을 훈계하던 것을 기억하라

32 지금 내가 여러분을 주와 및 그 은혜의 말씀에 부탁하노니 그 말씀이 여러분을 능히 든든히 세우사 거룩하게 하심을 입은 모든 자 가운데 기업이 있게 하시리라

33 내가 아무의 은이나 금이나 의복을 탐하지 아니하였고

34 여러분이 아는 바와 같이 이 손으로 나와 내 동행들이 쓰는 것을 충당하여

35 범사에 여러분에게 모본을 보여준 바와 같이 수고하여 약한 사람들을 돕고 또 주 예수께서 친히 말씀하신 바 주는 것이 받는 것보다 복이 있다 하심을 기억하여야 할지니라

대학 생활을 시작하면서 선교단체에서 소그룹 성경공부를 했습니다. 그때 성경공부 인도자가 던진 질문을 평생 잊을 수가 없습니다. "형제는 무엇이 가장 가치 있는 삶이라고 생각합니까?" 그 질문은 습관적인 신앙의 껍질을 깨는 벼락처럼 다가왔습니다.

"무엇이 가장 가치 있는 삶인가?"라는 질문은 그리스도인에게 신앙의 초심을 돌아보게 합니다. 이는 이 땅에 있다가 사라질 일시적인 것을 위하여 삶을 낭비하지 아니하고, 영원한 것을 위하여 쓰임 받는 인생이 가장 가치 있는 인생이라는 사실을 각인시켜줍니다.

본문 속에서, 바울 사도의 고백을 통해 진정 가치 있는 인생이 무엇인지 확인할 것입니다. 또 그리스도인으로서 이 땅의 일시적인 것이 아니라, 영원을 바라보는 인생을 살기로 결단하고, 이를 위해 성령께서 온전히 우리의 생각과 마음을 장악하는 시간이 되기를 바랍니다.

말씀의 씨를 뿌리며

1. 바울은 다메섹 도상에서 예수님을 만나 변화된 이후, 남은 인생 동안 자신의 전부를 던져서라도 이루고 싶은 꿈을 발견했습니다. 바울이 자신의 생명조차 아끼지 않고 몰두했던 것은 무엇입니까?

• 24절

2. 바울의 생애는 예수님께 받은 사명, 곧 하나님의 은혜의 복음을 증거하는 데 사용되었습니다. 이를 위해 바울이 어떻게 교회와 성도를 섬겼습니까?

• 31절

• 33-35절

3. 바울은 하나님께서 주신 꿈을 위해 그리고 하나님을 향해서 품은 꿈을 위해 자신의 전부를 던졌고, 마지막까지 하나님의 제단에 제물로 사용되기를 원했습니다. 당신에게는 바울 사도처럼 하나님께서 주신 꿈이 있습니까? 그리고 그 꿈을 위해 물질과 시간을 드리고 있습니까?

4. 믿는 자가 꾸는 꿈은 세상 사람들과 달라야 합니다. 예수님을 구주로 믿는 자는 누구든지 '하나님의 뜻이 하늘에서 이루어진 것처럼 이 땅에서 이루어지기를 바라는 꿈'을 가지고 살아야 합니다. 오늘날 믿는 자가 믿음의 꿈을 꾸고, 그 믿음의 실천을 위해 자신을 헌신하는 것을 방해하는 요소는 무엇입니까? (참고. 요일 2:15-17)

5. 사도행전은 28장으로 끝나지만 하나님의 나라를 위해, 하나님께서 주신 비전과 꿈을 이루는 가장 가치 있는 삶을 위해 사도행전 29장을 써야 할 사람은 바로 우리 자신입니다. 그러나 사도행전 29장을 쓰기 위해서는 세상의 수많은 공격과 핍박과 어려움을 뚫고 나가야 할 것입니다. 사도행전 29장의 주인공이 되기 위한 각오와 결심을 나눠보세요.

6. 다음 글을 읽고 이 땅의 삶의 현장에서 하나님 나라의 꿈을 꾼다는 것이 무슨 의미인지 생각해봅시다.

《지선아 사랑해》로 알려진 이지선 자매는 2000년 7월에 음주운전 차량이 낸 사고로 전신 3도 화상을 입고 30여 차례가 넘는 수술과 재활치료를 받았습니다. 수많은 난관을 헤치고 UCLA에서 사회복지학 박사학위를 받은 그가 쓴 《다시 새롭게, 지선아 사랑해》라는 책에 다음 글이 있습니다.

"모두들 저보고 인생이 끝났다고 했습니다. 하지만 그 인생의 끝, 바닥이라는 그곳에서 저는 새로운 꿈을 꾸기 시작했습니다. 피부도 없는 몸으로 병원 침대에 누워서 정말 '꿈 같은 꿈'을 꾸었습니다. '여기서 살아서 나간다면 나 같은 사람들을 도울 수 있는 공부를 하고 싶다'고요."

그는 자신의 비참한 현실에 절망하는 대신 정말 '꿈 같은 꿈'을 꾸었습니다. 그 꿈이 그로 하여금 새로운 인생을 살게 했고, 결국은 자신과 같은 사람들을 도울 수 있는 길을 열었습니다. 꿈이 그의 인생을 가장 가치 있는 삶으로 인도한 것입니다. 그는 이렇게 말합니다. "그 꿈이 이루어지도록 만들어주신 분이 있습니다. 저는 꿈꾸고 주님이 일하셨습니다."

그리스도인이 꾸는 꿈은 세상의 꿈과 다릅니다. 세상은 혼자 꿈꾸고 혼자 애를 씁니다. 하지만 우리는 이지선 자매의 고백처럼 믿음의 꿈을 꾸고, 주께서 그 꿈을 이루어주십니다. 그리스도인은 누구나 예수님 안에서, 예수님 때문에 다시 꿈을 꾸고 제2의 인생을 새롭게, 가치 있게 사는 사람들입니다. 성경은 이런 사람들의 이야기로 가득 차 있습니다.

7. 사도행전 29장을 쓴다는 것은 사명을 수평적 그리고 수직적으로 계승함을 의미합니다. 수직적 계승은 생명의 복음이 다음 세대로 계승되는 것입니다. 수평적 계승은 복음의 서진을 통하여 유럽을 재복음화하고, 제자훈련의 국제화를 통해 세계 선교를 마무리하는 것입니다. 어떻게 하면 우리 교회가 주께서 오시는 그날까지 각자의 젊음, 재능, 물질, 시간 등 모든 것을 주님의 손에 돌리는 순교적 신앙, 순교적 공동체로 세워질 수 있을지 당신의 생각을 정리해 보세요.

삶의 열매를 거두며

이 땅에서 사라질 무엇이 아니라, 영원을 바라보며 사는 인생이 되기 위해서는 믿음의 꿈을 꾸어야 합니다. 믿음의 꿈을 꾸는 사람은 나이가 들어도 모세의 떨기나무처럼 타오르는 인생을 살 수 있습니다. 믿음의 꿈을 꾸려면 우리의 영육이 단순해져야 합니다. 세상의 온갖 것으로 가득 찬 사람은 믿음의 꿈을 꿀 여백이 없습니다. 가치 있는 인생, 믿음의 꿈을 꾸는 인생을 가로막는 것들을 떨쳐내겠다고 결단하고, 이를 위해서 성령의 도우심을 구하는 기도를 간절히 드립시다.

※ 본 교재에 사용한 예화 중 일부는 다음 글을 인용하거나 필요에 따라 다듬은 것입니다.

1) 이용규, 《내려놓음》(규장, 2006).

2) 데이비드 플랫, 《래디컬》(두란노, 2011).

3) 제임스 사이어, 《지성의 제자도》(IVP, 1994).

4) 본회퍼, 《제자의 길과 십자가》(오리진, 1999).

5) 찰스 스펄전의 《묵상록》 중에서.